I0068935

UNIVERSITÉ DE FRANCE.

ACADÉMIE DE STRASBOURG.

ACTE PUBLIC
POUR LA LICENCE,

PRÉSENTÉ

A LA FACULTÉ DE DROIT DE STRASBOURG,

ET SOUTENU

LE JEUDI 30 JUIN 1853, A MIDI,

PAR

J. M. E. GREINER,

DE STRASBOURG (BAS-RHIN).

STRASBOURG,
IMPRIMERIE DE G. SILBERMANN, PLACE SAINT-THOMAS, 3.
1853.

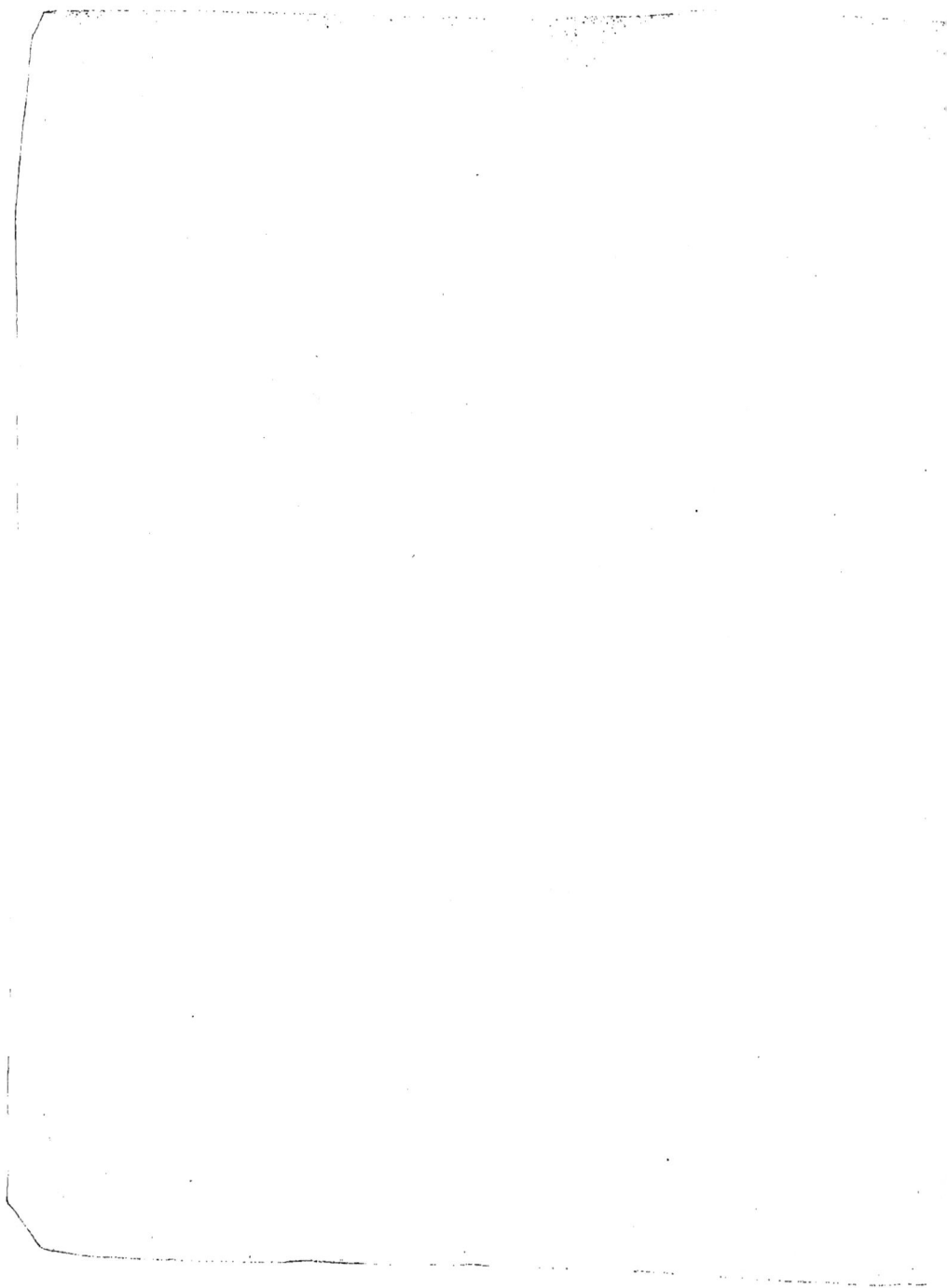

FACULTÉ DE DROIT DE STRASBOURG.

NOMS DES PROFESSEURS.	MATIÈRES ENSEIGNÉES.
MM. Aubry ✳, Doyen.	Droit civil français.
Rauter O✳, Doyen honoraire .	Droit criminel et procédure civile.
Hepp ✳	Droit des gens.
Heimburger	Droit romain.
Thieriet ✳	Droit commercial.
Schützenberger ✳.	Droit administratif.
Rau ✳.	Droit civil français.
Eschbach	Droit civil français.

M. Blœchel ✳, professeur honoraire.

M. Destrais, professeur suppléant.

MM. Michaux-Bellaire,
Beudant, } professeurs suppléants provisoires.

M. Bécourt, officier de l'Université, secrétaire, agent comptable.

Président de la thèse, M. Aubry.

Examinateurs : MM. { Hepp.
Heimburger.
Beudant.

La Faculté n'entend ni approuver ni désapprouver les opinions particulières au candidat.

JUS ROMANUM.

Quibus modis hypotheca tollitur.

Hypotheca tollitur : 1° Interitu vel extinctione rei pignoratæ. — 2° Confusione seu
consolidatione. — 3° Cum ejus qui hypothecam constituit jus resolvitur. —
4° Extinctione obligationis. — 5° Remissione tacite seu expressim facta. —
6° Præscriptionibus. — 7° Distractione.

§ 1er. *Interitu vel extinctione rei pignoratæ.*

Re corporali extincta sicut et usufructu extincto, pignus hypothe-
cave perit[1]. Nam jus hypothecæ in re pignorata, post rei interitum
sine dubio constare nequit. Exempli gratia, fundo vi fluminis oblato,
hypotheca ipso facto extinguitur.

Si res hypothecæ data, postea mutata fuerit, hypothecaria actio
nihilominus competit : veluti de doma data hypothecæ, et horto facta.
Item, si de loco convenit, et domus facta sit. Item de loco dato, deinde
vineis in eo positis. Sicut ait Marcianus[2]. Sed si quis caverit, *ut silva
sibi pignori esset,* navis ex ea materia facta, pignoris non est ; quia
aliud sit materia aliud navis[3].

---

[1] *D.*, XX, VI, 8, Pr. — [2] *D.*, XX, I, 16, § 2. — [3] *D.*, XIII, VII, 18, § 3.

Uno verbo, cum substantia ita mutata sit, ut ad pristinam formam reverti non possit, jus hypothecæ tollitur; hæc mutatio fit, cum ex materia ex cupresso vel pinu, fit navis vel arca [1]. Item si ex lana pignorata fiat vestimentum, item si ex marmore pignorato fiat statua; hæc mutatio perimit priorem speciem et parit novam.

Mutatio vero quæ rem auget vel minuit, pignus non perimit, quia substantia rei pignoratæ non perimitur [2].

§ 2. *Confusione seu consolidatione.*

Cum creditor rem sibi pignoratam comparaverit, hypotheca statim perit, quia res sua nemini pignori esse potest.

Item juris cum debitor creditori hæres fuerit et vice versà, quod confusionem seu consolidationem appellamus.

Sic legimus in latissimis *Digestorum* libris : «Si rem alienam bona fide emeris, et mihi pignori dederis, ac præcario rogaveris, deinde me dominus hæredem instituerit, desinit pignus esse, et sola præcarii rogatio supererit [3]. » Cum Titius Sempronio fundum pignori, et eumdem (fundum) postea Gaio Seio pignori dedisset : atque ita idem Titius Sempronio, et Gaio Seio fundum eumdem in assem vendidisset, quibus pignori ante dederat in solidum singulis; quæsitum fuit an, venditione interposita, jus pignoris extinctum fuerit; ac per hoc jus solum emptionis apud ambos permanserit? Modestinus respondit, dominium ad eos, de quibus quæsitum, emptionis jure pertinere : cum consensum mutuo venditioni dedisse proponantur, invicem pigneratitiam actionem eos non habuisse [4].

Ex his apparet, pignus non perseverare domino constituto creditore [5].

Si autem creditor re comparata, aut aliter acquisita, postea evin-

---

[1] *D.*, XLI, 1, 26, Pr. — [2] Cujas, lib. 29, L. 18, § penult. *De pign. act.* — [3] *D.*, XIII, VII, 29. — [4] *D.*, XX, VI, 9, Pr. — [5] *D.*, XLIV, II, 30, § 1 *in fine.*

catur, ex causa antiqua et necessaria, pignus reviviscit; nam limitata causa, limitatum producit effectum.

Exemplo, si res pignorata, in diem creditori addicta esset, meliore conditione existente, resolvitur prior emptio venditio, et pignus contra remanet.

§ 3. *Cum ejus qui hypothecam constituit jus resolvitur.*

Resoluto jure ejus qui constituit, hypotheca extinguitur. Nemo etenim plus juris ad alium transferre potest, quam ipse haberet[1].

Itaque, si de vectigali fundo agatur, et cum in exsolutione vectigalis tam debitor quam creditor cessassent, et propterea pronunciatum esset, fundum secundum legem domini esse, dicit Scævola pignoris jus evanuisse; tali lege existente, ut, *si post certum temporis vectigal solutum non esset, fundus ad dominum redeat*[2].

Marcellus, lib. V. *Digestorum* scribit, *pure vendito et in diem addicto fundo, si melior conditio allata sit, rem pignori esse desinere, si emptor eum fundum pignori dedisset*[3].

Si medio tempore, pignus creditor pignori dederit, domino solvente pecuniam, quam debuit, secundi pignoris neque persecutio dabitur, neque retentio relinquetur[4].

Contra dicendum erit, si re aliena pignori data, deinde debitor dominus rei ejus esse cœperit, hoc casu datur utilis actio pigneratitia creditori nec tollitur pignus[5].

Si creditor possessionem quæ pignori jure fuerat obligata, alii creditori pignori dedit, poterit eam debitor, soluto eo quod ex hac causa creditori debetur, recuperare[6].

§ 4. *Extinctione obligationis.*

Liberatur pignus, sive solutum est debitum, sive eo nomine satis-

---

[1] D., L. XVII, 54, *De Reg. jur.* — [2] D., XX, I, 31. — [3] D., XVIII, II, 4, § 3. — [4] D., XIII, VII, 40, § 2 *in fine.* — [5] Ibid., tit. VII, 41. — [6] C., VIII, XXIV., *Const.* 2.

factum est. Si qua alia ratione obligatio finita, idem dicendum[1]. Id-circo novatione legitime facta liberantur hypothecæ et pignus[2].

Si reddita debita quantitate, vel rebus in solutum datis, satis creditori factum esse probaretur; vel si quod residuum debetur, obtulerit debitor, ac, si non acceperit, deposuerit consignatum, restituendas res pacto pignoris obligatas manifestum est[3].

Si quis aliam rem pro alia volenti solverit, et evicta fuerit res, manet pristina obligatio; et si pro parte fuerit evicta, tamen pro solido obligatio durat : nam non accepisset re integra creditor, nisi pro solido ejus fieret[4].

Omnis pecunia exsoluta esse debet, aut eo nomine satisfactum, ut extinguatur hypotheca. Satisfactum autem accipimus, quemadmodum voluit creditor, licet non sit solutum. Sive aliis pignoribus sibi caveri voluit, ut ab hoc recedat; sive fidejussoribus, sive reo dato, sive pretio aliquo, vel nuda conventione. Is quoque, qui rem alienam pignori dedit, soluta pecunia, potest pigneratitia directa actione rem persequi[5].

Pro parte extincta obligatione, nec partim jus hypothecæ vel pignoris tollitur; quod dividi non potest. Itaque debitoris denunciato, qui creditori suo, ne sibi rem pignori obligatam distrahat, vel his, qui ab eo volunt comparare, denunciat; ita demum est efficax, si universum tam sortis quam usurarum offert debitor creditori : eoque non accipiente, idonea fide probationis depositum ostendat. Nam si vel modicum de sorte vel usuris in debito perseveret, distractio rei obligatæ non potest impediri[6].

Eadem ratione qui pro parte hæres extitit, nisi totum debitum exsolvat, suam portionem ex pignoribus recipere non potest[7]. Nam actio quidem personalis inter hæredes pro singulis portionibus quæsita scin-

---

[1] D., XX, VI, 6, Pr. — [2] D., XLVI, II, 18. — [3] C., VIII, XXXI, Const. 3. — [4] D., XLVI, III, 46. Pothier, Pandectes, t. III, p. 366, n° 85; Marcianus, lib. 3, Reg. — [5] D., XIII, VII, 9, §§ 3 et 4. — [6] C., VIII, XXIX, Const. 2, Gordianus. — [7] Ibid., tit. XXXI, Const. 1.

ditur: pignoris autem jure, multis obligatis rebus, quas diversi possident: cum ejus vindicatio non personam obliget, sed rem sequatur: qui possident, tenentes non pro modo singularum rerum substantiæ conveniuntur, sed in solidum: ut vel totum debitum reddant, vel eo, quod detinent cedant[1].

Denique jus pignoris aut hypothecæ integrum manet, condicione remota per exceptionem quæ nomen non extinguit, sed actionem tantum; dum nomen, quasi naturalis obligatio adhuc valeat; rite etenim pignus aut hypotheca naturali obligationi junguntur. Talis exceptio ex senatusconsulto macedoniano surgit nec non ex actionis præscriptione.

Itaque vincula pignoris durare, personali actione submota, intelligere debemus[2].

§ 5. *Remissione tacite seu expressim facta.*

Solvitur hypotheca, et si ab ea discedatur, aut pasciscatur creditor, *ne pecuniam petat*, aut si convenerit, *ut pro hypotheca fidejussor daretur* et datus sit; si debitori jusjurandum delatum *hypothecæ non esse rem obligatam* datum sit[3].

Creditor, qui permittit rem vœnire, pignus dimittit, ut legimus in Regulis juris[4]. *Si consensit creditor* non videtur autem consensisse, creditor si sciente eo debitor rem vendiderit, cum ideo passus est vœnire, quod sciebat, ubique pignus sibi durare. Sed si subscripserit forte in tabulis emptionis, consensisse videtur: nisi manifeste appareat deceptum esse. Quod observari opportet, etsi sine scriptis consenserit[5]. In his venditionibus, pupilli consensus non debet aliter ratus haberi, quam si præsente tutore consenserit, aut etiam ipse tutor; scilicet, si commodum aliquid, vel satis ei fieri ex eo judex æstimaverit[6].

Procuratoris omnium bonorum consensus, vel servi actoris, cui solvi

---

[1] *C.*, VIII, XXXII, *Const.* 2. — [2] *C.*, VIII, XXXI, *Const.* 2. — [3] *D.*, XX, VI, 5, Pr. et §§ 2 et 3. — [4] L. 158. — [5] *D.*, XX, VI, 8, § 15. — [6] Ibid., 7, Pr.

potest, et in id positus est, non aliter tenet nisi specialiter hoc eis mandatum.

Si debitor vendiderit rem, nec tradiderit, etiam si res in bonis sit debitoris, cum teneatur ex empto, repellitur creditor et pignus extinguitur; tantumdem dici potest, si pretium venditor consecutus non sit, nec paratus sit emptor dare. Sed si permiserit creditor vendere, debitor vero donaverit, non noscebit consensus, cum ideo vœniri voluerit, ut, pretio accepto, ipsi quoque res expedierit; quod si in dotem dederit, vendidisse in hoc casu recte videtur, propter onera matrimonii. In contrarium si concessit donare, et vendiderit debitor, exceptione repelletur creditor[1]. Denique remissa non videtur hypotheca, si venditioni consentiente creditore, non vœnierit debitor; non etenim est satis ad repellendum creditorem, quod voluit vœnire[2].

Resoluta venditione, in pristinam causam res redit; itaque si voluntate creditoris, pignus debitor vendiderit, et postea placuerit inter eum et emptorem, *ut a venditione discederent*, Paulus scripsit, jus pignorum salvum esse creditori; nam sicut debitori, ita et creditori pristinum jus restituitur : Neque omni modo creditor pignus remittit, sed si emptor rem retineat, nec reddat venditori[3].

Putant contra diversæ scholæ auctores, omni modo jus suum respuisse, qui semel consensit alienationi hypothecæ, indignum existimantes, eamdem rem ut pote ab initio ei suppositam, vindicare, vel tenentem inquietare[4]. Quæ sententia legitima habetur, cum res vendita, non ex causa necessaria et inhærenti contractui, sed alio modo ad debitorem revertit.

Si rem pignoratam vœnire permisit creditor, certo pretio, vel certis conditionibus, vel certo loco, denique intra præfinitum tempus, neque legem consensus secutus sit debitor, sine dubio hypotheca non tollitur. Nam ita consensit, ut prædictis conditionibus, pretio, tempore et loco venditio fieret.

---

[1] *D.*, XX, VI, 8, §§ 12 et 13. — [2] Ibid., § 6. — [3] Ibid., 10. — [4] *C.*, VIII, XXVI, *Const. ult.*

Quid juris, si fundum specialiter hypothecæ datum , permissu creditoris vendiderit, deinde ipse debitor possideat, quod potest fieri :
cum fundo vendito, postea bona fide redemerit ab eodem , vel ab alio,
ad quem per successionem fundus pertinere cœpisset ; aut si ipse debitor emptori hæres extiterit? Extincta videtur hypotheca, verum
tamen cum pecunia soluta non sit, doli mali suspicio inerit, poteritque
creditor replicationem doli mali objicere[1]. Aliud dicendum esset, si is
fundus a debitore secundo creditori obligatus possideatur, cui nondum
satisfactum erit ; tunc enim , licet dolus malus debitoris interveniat, qui
non solvit, tamen secundus creditor qui pignori accepit, potior est,
nec admittetur replicatio[2]. Non solum si vœnire, sed etiam si obligari
consenserit novo creditori antiquior, tacite remitti pignus placuit. Sic
Paulus respondit : Sempronium antiquiorem creditorem consentien-
tem, cum debitor eamdem rem tertio creditori obligaret, jus suum pignoris remisisse videri, non etiam tertium in locum ejus successisse ;
et ideo medii creditoris meliorem causam effectam[3].

Si quemdam manumissum et in libertate moratum , sciente eo cui
pignoris nomine obligatus probaretur, ex consensu creditoris remis-
sam pignoris obligationem apparet, et per hoc jure manumissum.

§ 6. *Præscriptionibus.*

Ante Justinum notissimi juris erat, actionem hypothecariam in ex-
traneos detentores annorum triginta finiri spatiis, si non interrup-
tum esset silentium, per solam conventionem, aut si ætas impubes ex-
cipienda monstraretur, in ipsos vero debitores aut hæredes eorum pri-
mos vel ulteriores nullis expirare lustrorum cursibus. Sed Justiniani
divus pater hoc emendavit, ne possessores ejus modi prope immortali
timore tenerentur ; quamobrem jussit, hypothecarum persecutionem,
quæ rerum movetur gratia, vel apud debitores consistentium, vel apud

[1] *D.*, XX, VI, 8, § 7. — [2] Ibid. , § 9. — [3] Ibid., 12.

eorum hæredes, non ultra quadraginta annos, ex quo competere cœpit, prorogari, nisi conventio, aut ætas intercesserit[1].

Extranei detentores, quibus bona fides et justus titulus, post decem annos inter præsentes et vigenti inter absentes, rem pignoratam præscriptione perimunt. Itaque si quis debitori hæres non extitit, sed justa viginti annorum possessione collata in eum donatio corroborata est, neque personali actione, quia debitori non successit, conveniri eum juris ratio permittit : neque data pignori prædia post intervallum longi temporis ei auferenda sunt, quando etiam præsentibus creditoribus decem annorum præscriptione uti posse, Rescriptis Principum probatum est. Diuturnum silentium longi temporis præscriptione corroboratum, creditoribus pignus persequentibus inefficacem actionem constituit, præterquam si debitores, vel qui in eorum jura successerunt, obligatæ rei possessioni incumbant. Ubi autem a possessore longi temporis præscriptio objicitur, personalis actio adversus debitorem salva manet[2]. Nam usucapio pignoris conventionem non extinguit[3].

Qui emptionis, vel donationis, vel alterius cujuscumque contractus titulo rem aliquam bona fide per decem, vel viginti annos possedit, et longi temporis exceptionem contra dominos ejus, vel creditores hypothecam ejus prætendentes sibi adquisiit, posteaque fortuito casu possessionem ejus rei perdidit, ità pignus extinguitur, ut etiam actionem ad vindicandam rem eamdem habeat[4].

Cum creditor, qui præscriptione longæ possessionis a possessore pignoris submoveri possit, pignus distraxerit, possessori salvam esse exceptionem etiam adversus emptorem, respondit Paulus[5].

Quamobrem certum est, si quis obligata prædia venundederit, et longi temporis præscriptione se tueri possunt emptores, evictionis periculum non timent[6].

---

[1] *C.*, VII, XXXIX, *Const.* 7, Pr. — [2] *C.*, VII, XXXVI, *Const.* 1, 2. — [3] *C.*, VIII, XIV, *Const.* 7. — [4] *C.*, VII, XXXIX, 8, Pr. — [5] *D.*, XLIV, III, 12. — [6] *C.*, VIII, XLV, 19, et IV, X, 7.

§ 7. *Distractione.*

Extinguitur tandem hypotheca, rebus pignoratis rite distractis a creditore. Itaque si vendiderit qui prior pignus accepit, persecutio hypothecaria posteriori superesse non potest; cum autem ipse debitor, non consiente creditore, vendiderit, persecutio pignoris ei non adempta est. Imo si debitor, ipsi priori creditori pignora in solutum dederit, vel vendiderit, secundus res obligatas persequens audiri debet, si, quod possessori propter præcedentis contractus auctoritatem debitum est, obtulerit[1].

Eo tempore quo prædium distrahitur, programmate admoniri solent creditores, ut præsentes sint; jus suum post admonitionem si non exsequerentur, obligationem pignoris amisisse videri possunt[2]. Idem fisco distrahente, si creditores silentio tradiderunt negotium, actionem etiam amittunt, quam in rem habebant, quia fiscalis hastæ fides non facile convellitur[3].

Quamdiu non est integra pecunia creditori numerata, etiamsi pro parte majore eam consecutus sit, distrahendi rem obligatam non amittit facultatem[4]. Contra autem distractio minime valet: 1° si ex fructibus debitum consecutus sit; quo casu ipso jure pignus obligatione liberatur[5]; 2° si debitor residuum debiti paratus sit solvere, et obtulerit[6]; 3° si oblato superfluo, creditore non accipiente, facta contestatione, pecuniam deposuerit; quod si prius quam obtulerit legem venditionis exercuit creditor: quod jure subsistit revocari non debet[7]; 4° si mulier specialiter res pignori dederit pro alio[8]; 5° qui post alium creditorem, pignorum conventionem ad bona debitoris contulit, ante priorem creditorem dimissum, nullo jure cætera bona titulo pignoris distrahere potest; sed ob eam rem in personam actio contra eum cre-

---

[1] *C.*, VIII, XX, *Const.* 1. — [2] Ibid., XXVI, *Const.* 6. — [3] Ibid., *Const.* 8. — [4] Ibid., XXVIII, *Const.* 6. — [5] Ibid., *Const.* 1. — [6] Ibid., *Const.* 5. — [7] Ibid., *Const.* 8. — [8] Ibid., *Const.* 11.

ditori, qui pignora sua requirit non competit, quia propriam causam, ordinis errore ductus, persecutus videtur, possessores autem interpellare debet[1]; 6° cum secundus creditor, priori pecuniam obtulerit, et in locum ejus successerit[2]; 7° cum solvendæ pecuniæ dies pacto profertur, non prius quam dies venerit, vendendi pignoris potestas exerci potest[3].

Qui sub imagine alterius personæ, quam suposuerat, jugiter tenet, alienasse non videtur. Jure enim pignoris obligatum prædium, neque si per subjectam personam creditor comparaverit, neque si sibi addixerit, debitori affert præjudicium. Si igitur evidentibus probationibus monstrare poterit debitor, creditorem per suppositam imaginarii emptoris personam, semper possessionem tenuisse, potest oblata pecunia cum usuris, ad restitutionem creditorem compellere[4].

Si creditor pignus, vel hypothecam vendiderit hoc pacto, *ut liceat sibi reddere pecuniam, et pignus recuperare*, etsi paratus sit debitor reddere pecuniam, consequi id non potest, et recte distractum est pignus; cæterum agi potest cum creditore, ut, si quas actiones habeat, eas cedat ei. Si autem ita vœnierit, *ut, si intra certum tempus a debitore pecunia soluta fuerit, emptio rescindatur*, intra illud tempus pecunia soluta recipit hypothecam; si vero tempus præterierit, aut si non eo pacto res vœnierit, non potest rescindi venditio, nisi minor sit annis viginti quinque debitor, aut pupillus, aut Reipublicæ causa absens[5].

Creditor qui jure suo pignus distraxit, jus suum cedere debet, et si pignus possidet, tradere possessionem[6].

Nec adversus emptores rerum hæreditariarum, quas ipse sub inventarii beneficio hæres pro solvendis debitis, vel legatis vendidit, venire alii conceditur, cum anterioribus creditoribus provisum est, vel ad posteriores creditores, vel ad legatorios pervenientibus, et jus suum persequentibus[7].

[1] *D.*, XX, V, 1. — [2] Ibid., 5. — [3] Ibid., 4. — [4] *C.*, VIII, XXVIII, 10. — [5] *D.*, XX, V, 7. — [6] Ibid., 13. — [7] *C.*, VI, XXX, *Const.* 22, § 8.

Creditor hypothecas, sive pignus cum proscribit, notum debitori facere et sibi bona fide rem gerere debet. Si quid itaque per fraudem in pignore rei venditæ commissum probare potest debitor, ut inferatur actio, quæ eo nomine competit, adire debet eum, cujus de ea re notio est[1].

[1] *C.*, VIII, XXVIII; *Const. 4.*

DROIT CIVIL FRANÇAIS.

————————

De l'extinction des priviléges et hypothèques et du mode de les purger.

(Code Napoléon , liv. III, tit. XVIII, chap. VII-IX, art. 2180-2195.)

————

Les priviléges et hypothèques étant des droits réels et accessoires destinés à garantir une obligation principale, toute cause d'extinction de ladite obligation éteindra par voie de conséquence les priviléges et hypothèques y attachés, car l'accessoire ne saurait exister sans le principal. « *Cum principalis causa non consistat, ne ea quidem quæ sequuntur* « *locum habent* [1]. »

La réciproque de ce principe n'est point vraie, d'où il suit que ces droits accessoires peuvent être anéantis séparément, sans préjudicier à l'existence de l'obligation principale et indépendamment de cette dernière.

[1] *Dig.*, L. XVII, 178.

Nous sommes donc amené à diviser notre matière en deux parties: la première contiendra les modes d'extinction par voie de conséquence, et la seconde ceux par voie principale et directe.

———

PREMIÈRE PARTIE.

DE L'EXTINCTION DES PRIVILÉGES ET HYPOTHÈQUES PAR VOIE DE CONSÉQUENCE.

Les obligations, et par suite les priviléges et hypothèques y attachés, s'éteignent par le paiement, la novation, la remise volontaire, la compensation, la confusion, la perte de la chose due, la nullité ou la rescision, l'effet de la condition résolutoire, la prescription.

Le paiement fait par le débiteur principal ou par un tiers non intéressé et qui n'est pas subrogé dans les droits du créancier, éteint l'hypothèque en éteignant la créance[1]. Si la dette n'a été acquittée qu'en partie, l'hypothèque subsiste dans son intégralité par suite de sa nature indivisible (C. N., art. 2114).

La *datio in solutum* équivalant à paiement, en ce que le créancier consent à recevoir une chose autre que celle qui lui est due, éteint les hypothèques attachées à l'ancienne créance.

Mais *quid* lorsque le créancier est évincé de l'objet reçu en paiement?

Si le créancier est évincé pour une cause survenue depuis le contrat et imputable au créancier, l'hypothèque éteinte ne revivra plus. « *Obli-* « *gatio semel extincta non reviviscit , nisi justa causa subsit ex qua æqui-* « *tas subveniat.* »

---

[1] C. N., art. 1236. Lorsque celui qui a payé est subrogé légalement ou conventionnellement dans les droits du créancier, l'hypothèque n'est pas éteinte, mais seulement transférée sur la tête du subrogé. Persil, *Rég. hyp.*, p. 348.

Lorsque l'éviction procède d'une cause antérieure à la dation en paiement, *ex causa antiqua vel necessaria*, la créance n'ayant été éteinte que sous la condition que le créancier ne serait pas troublé dans la jouissance de l'immeuble donné en paiement, si cette condition vient à manquer, il en résulte que la dation en paiement est résolue; les choses sont donc remises au même état que si le contrat de dation en paiement n'eût jamais existé, et l'obligation primitive revit avec son hypothèque (C. N., art. 1183)[1].

Mais quelle sera la position du créancier vis-à-vis des tiers?

Il s'agit ici de distinguer entre les tiers ayant hypothèque avant la dation en paiement et ceux ayant hypothèque postérieurement.

Lorsque le créancier a reçu en paiement l'immeuble sur lequel il a une hypothèque et qu'il en est évincé, il redevient créancier en vertu de l'obligation primitive et reprend son rang d'hypothèque au regard de tous ceux qui avaient hypothèque sur l'immeuble avant la dation en paiement[2]. L'art. 2177 du Code Napoléon le dit formellement.

Il en est de même lorsque l'hypothèque frappe sur d'autres biens que ceux donnés en paiement, en ce qui concerne les hypothèques constituées avant la dation en paiement, si l'inscription, qui assurait au créancier son rang, n'a pas été radiée; mais, lorsque ce dernier a donné mainlevée de son inscription et que la radiation en a été faite, son droit d'hypothèque revivra bien, mais l'inscription nouvelle qu'il sera obligé de prendre, n'aura rang qu'à partir de sa nouvelle date et sera primée par celles qui ne venaient qu'après l'inscription radiée. Pareille déchéance est encourue par le créancier, lorsque son inscription est périmée depuis la dation en paiement, sans avoir été renouvelée.

Examinons maintenant le cas où des tiers auraient acquis des hypothèques, postérieurement au contrat de dation en paiement, sur des

---

[1] Renusson, *Subrog.*, ch. 4, nᵒˢ 21 et suiv. Basnage, *Hyp.*, ch. 17. Toullier, t. VII, p. 364.

[2] Loyseau, liv. 6, chap. 4, nᵒˢ 14 et 15, et chap. 7, nᵒ 7.

biens autres que ceux donnés en paiement, mais affectés à la garantie de l'obligation primitive (il va sans dire qu'il n'y a pas lieu de s'occuper des immeubles donnés en paiement; le débiteur n'en étant plus propriétaire, ne peut plus les grever d'hypothèques). Et d'abord considérons le cas où des tiers seraient devenus propriétaires desdits biens.

Le débiteur n'ayant obtenu l'affranchissement de ses immeubles qu'à la condition de rendre son créancier propriétaire incommutable de l'objet à lui donné en paiement, n'a pu lui-même les transmettre à des tiers que soumis à l'éventualité de la réapparition de l'hypothèque.

Si le créancier a laissé subsister son inscription, il viendra, en cas d'éviction, faire valoir ses droits hypothécaires contre les tiers acquéreurs, qui ayant connu l'inscription de l'ancien créancier ne pourront se plaindre si plus tard ils sont attaqués. L'inscription a-t-elle été radiée ou est-elle périmée, il pourra valablement prendre une nouvelle inscription, à moins que les nouveaux propriétaires n'aient fait transcrire leur contrat d'acquisition et que le délai de quinzaine ne soit expiré.

A l'égard des tiers qui ont acquis du chef du débiteur des hypothèques, postérieurement à la dation en paiement, nous appliquerons les mêmes distinctions et les mêmes solutions. Le créancier reprendra son ancien rang hypothécaire si son inscription est restée intacte; a-t-elle été radiée ou est-elle périmée, il n'aura rang que depuis la nouvelle inscription qu'il aura le droit de prendre [1].

La novation éteint la dette principale et fait par conséquent disparaître l'hypothèque; mais la loi permet au créancier, que la perte de son droit pourrait quelquefois faire reculer devant une novation, de se réserver les hypothèques attachées à l'ancienne créance (C. N., art. 1278). Cependant, lorsque la novation s'opère entre le créancier et

---

[1] Troplong, *Des Priv. et Hyp.*, t. IV, nᵒˢ 855 et suiv.

l'un des débiteurs solidaires, les priviléges et hypothèques attachés à l'ancienne créance ne pourront être réservés que sur les biens du débiteur solidaire qui contracte la nouvelle dette (C. N., art. 1280); bien entendu que ces biens devaient déjà être affectés à la garantie de l'ancienne obligation d'après les termes de l'art. 1278; car, dans le cas contraire, de même que si la novation s'opère par la substitution d'un nouveau débiteur complétement étranger à l'ancienne dette, l'hypothèque attachée à celle-ci est entièrement éteinte et ne pourrait passer sur les biens du nouveau débiteur (C. N., art. 1279). Il est vrai qu'une nouvelle hypothèque peut être constituée; mais elle sera indépendante de l'ancienne, et son rang sera réglé par l'inscription que le créancier prendra en vertu du contrat de novation.

En faisant remise de la dette, le créancier renonce à toutes ses prétentions, et l'hypothèque, n'étant du reste plus d'aucune utilité, disparaîtra. Mais cette renonciation étant un acte d'aliénation de la part du créancier, il faut, pour qu'on puisse s'en prévaloir, qu'elle soit faite par une personne capable d'aliéner.

La compensation éteint de plein droit les deux dettes, à partir du moment où elles se trouvent exister à la fois; elle s'opère même à l'insu des débiteurs, c'est-à-dire sans qu'il soit besoin que les parties aient connaissance des droits qui leur compètent les unes à l'égard des autres. Or, il peut arriver que je sois débiteur de Primus, et que plus tard je devienne son créancier hypothécaire, en qualité d'héritier de Secundus. Les dettes se compenseront jusqu'à due concurrence dès l'ouverture de la succession de Secundus, et l'hypothèque est éteinte. Si dans l'ignorance de mes droits contre Primus je paie ma dette, je n'aurais plus contre lui qu'une action personnelle pour obtenir le remboursement de ce que j'ai payé indûment, action qui dans certains cas pourrait devenir très-illusoire; aussi l'art. 1299 du Code Napoléon vient-il à mon secours, en décidant que celui qui a payé une dette qui était de plein droit éteinte par la compensation, pourra néanmoins, en exerçant la créance dont il n'a point opposé la compensation, se prévaloir des priviléges ou hypothèques y attachés, s'il a eu une juste cause d'ignorer la créance qui devait compenser sa dette. Et cela même au préjudice des tiers, dit le même article, préjudice qui peut arriver, lorsque, se fiant sur la compensation qui a éteint la dette de leur débiteur, ils ont cru leur position améliorée par la disparition d'une hypothèque antérieure à la leur, et ont négligé de pourvoir autrement à la garantie de leurs intérêts.

La compensation n'éteint les deux dettes que jusqu'à concurrence de leurs quotités respectives (C. N., art. 1290). La créance la plus forte ne sera donc éteinte que jusqu'à concurrence du montant de la plus petite créance ; mais l'hypothèque attachée à la première subsistera entière sur tous les immeubles qu'elle grevait, pour sûreté de l'excédant non compensé.

La confusion qui s'opère dans la personne du débiteur principal éteint entièrement l'hypothèque, car ce dernier, devenu créancier, ne peut plus avoir d'hypothèque sur sa propre chose. Celle qui s'opère dans la personne de la caution, laisse intacte l'obligation principale et par suite l'hypothèque ; celle qui s'opère dans la personne du créancier éteint obligation et hypothèque, lorsqu'il n'y a eu qu'un seul débiteur ; mais si le créancier ne succède qu'à l'un de plusieurs codébiteurs solidaires, l'obligation, et par suite l'hypothèque, n'est éteinte que pour la part dont ce codébiteur était tenu, le créancier conservant ses droits sur tous les immeubles affectés par les autres débiteurs pour le restant de ses prétentions.

Une dette s'éteint notamment par confusion lorsque le débiteur devient héritier du créancier, ou *vice versâ*, mais il est indispensable, pour que l'hypothèque soit annulée, que la partie, dans la personne de laquelle la confusion s'opère, soit héritière pour la totalité et n'ait pas accepté sous bénéfice d'inventaire ; car, si l'on n'était héritier que pour partie, la confusion n'éteignant qu'une partie de la dette, l'hypothèque subsisterait entière pour le reste ; si l'héritier n'accepte cette qualité que sous bénéfice d'inventaire, ses biens personnels ne seront

3

pas confondus avec ceux de la succession, et il conservera le droit contre elle de réclamer le paiement de ses créances, de même que la succession conserve ses droits contre l'héritier; l'hypothèque subsiste donc également.

La perte de la chose due, arrivée sans la faute du débiteur et avant qu'il fût en demeure, ou même après la mise en demeure, lorsqu'il ne s'est pas chargé des cas fortuits, éteint l'obligation et par suite l'hypothèque.

Lorsque l'obligation principale vient à être annulée, ou lorsqu'elle s'éteint par l'effet d'une clause résolutoire, l'hypothèque s'évanouira également par voie de conséquence.

Enfin, l'hypothèque disparaît encore quand l'obligation est éteinte par des offres réelles suivies de consignation.

DEUXIÈME PARTIE.

DE L'EXTINCTION DES PRIVILÉGES ET HYPOTHÈQUES PAR VOIE PRINCIPALE ET DIRECTE, INDÉPENDAMMENT DE L'EXISTENCE DE L'OBLIGATION PRINCIPALE.

§ 1er. *De la renonciation du créancier à l'hypothèque.*

L'hypothèque, avons-nous dit, peut s'éteindre et disparaître, sans que pour cela l'obligation principale cesse d'exister; seulement le créancier, ayant perdu les droits réels sur les immeubles affectés à la garantie de ses prétentions, n'aura plus qu'une action personnelle contre son débiteur.

L'hypothèque s'éteint directement par la renonciation du créancier à ses droits hypothécaires. Ce point n'a jamais été contesté; mais la question de savoir quand il y a renonciation, peut soulever des difficultés qui, dans la plupart des cas, doivent être résolues par l'examen des faits dont on veut induire une renonciation et des circonstances qui les ont accompagnés.

La renonciation peut être expresse ou tacite.

La première étant réglée par les termes et conditions de l'acte qui la constate, ne peut donner matière à discussion; cet acte peut être sous signature privée ou authentique quant à la validité de la renonciation et à l'extinction de l'hypothèque; mais l'inscription ne pourra être radiée que sur la production de l'expédition d'un acte authentique ou d'un jugement (C. N., art. 2158).

La renonciation peut être faite valablement sans le concours du débiteur; elle est parfaite par le seul fait du consentement du créancier, et sa validité n'est pas soumise à la condition de l'acceptation du débiteur; d'où il suit que la renonciation, une fois consentie, ne peut plus être rétractée; car, en règle générale, on ne peut reprendre un droit que l'on a éteint par sa volonté[1].

La renonciation est tacite lorsque, sans être exprimée, elle se déduit nécessairement de certains actes accomplis par le créancier. Mais comme personne n'est présumé abdiquer ses droits, il faut qu'il soit bien établi que le créancier avait l'intention formelle de renoncer à son hypothèque[2].

Le créancier qui permet à son débiteur de vendre, échanger ou aliéner de toute autre manière l'immeuble qui lui est hypothéqué, est censé renoncer tacitement à son hypothèque, à moins qu'il ne se soit réservé expressément ses droits[3]. En effet, le débiteur peut aliéner ses immeubles sans le consentement du créancier; de plus, l'aliénation faite par le débiteur, sans le concours du créancier, ne peut aucunement préjudicier au droit de suite de ce dernier sur l'immeuble vendu; le consentement donné par le créancier à la vente n'a donc pu avoir d'autre but que la renonciation à l'hypothèque[4]. Peu importe d'ail-

---

[1] Troplong, *Des Priv. et Hyp.*, t. III, n° 738. — [2] Battur, t. II, n° 719.
[3] *D.*, XX, VI, 4, § 1, et L. XVII, 158.
[4] Grenier, *Hyp.*, t. II, n° 503.

3.

leurs que ce consentement soit donné avant ou après l'aliénation ou dans l'acte même de vente.

Si le consentement est subordonné à certaines conditions, la renonciation n'aura d'effet que lorsque lesdites conditions auront été remplies et exécutées. Si, par exemple, le débiteur avait vendu à un prix plus élevé que celui stipulé par le créancier, la condition devrait être considérée comme réalisée *à fortiori*, et emporterait renonciation. Si le créancier a permis de vendre l'immeuble, et qu'il ait été donné ou constitué en dot, il y a lieu de croire que l'hypothèque n'est pas éteinte, car il est plus que probable que le créancier, en donnant son consentement à la vente, a pensé que le débiteur emploierait le prix ou partie du prix à le payer ou à acquérir d'autres biens qui lui répondraient de sa créance, tandis qu'en faisant une donation, le débiteur rend sa condition pire et frustre le créancier. Lorsque la vente n'a pas eu lieu ou qu'elle vient à être annulée, il est juste que le créancier conserve son hypothèque, car la vente, ne subsistant plus, est censé n'avoir jamais existé, et le créancier n'avoir jamais renoncé à son hypothèque. Il n'en est pas de même, et l'hypothèque éteinte ne revivra plus, lorsque, la vente ayant été régulièrement consommée, le débiteur redevient par la suite, à un titre nouveau, propriétaire de l'immeuble précédemment vendu [1]. Cependant, si l'hypothèque du créancier est générale, l'immeuble précédemment affecté, comme tous les immeubles qui entrent dans le patrimoine du débiteur, sera de nouveau grevé, à partir du jour où le débiteur en redevient propriétaire [2]. Par exemple, l'hypothèque légale et générale de la femme s'éteint sur l'immeuble dont elle a signé la vente conjointement avec son mari; mais, si ce dernier vient à le racheter plus tard, il est incontestable que cette hypothèque légale viendra de nouveau le frapper, comme immeuble entré dans le patrimoine du mari, et non par l'effet de la réapparition de l'ancienne hypothèque.

[1] Voët, liv. 20, t. 6, n° 7.
[2] *Contra* Lamoignon, t. II, p. 178.

Le créancier qui signe la vente de l'immeuble qui lui est hypothéqué, est censé consentir à ladite vente et, par suite, renoncer à son
hypothèque, lorsque cette signature ne peut avoir d'autre motif que
celui de renoncer à l'hypothèque [1].

Quid, si le créancier figure dans l'acte comme témoin ou même
comme notaire? Dans ce cas, le créancier, n'étant plus partie dans
l'acte, n'a pas le droit d'en approuver ou critiquer les clauses et conditions; il ne sert qu'à les constater; le témoin certificateur ne vient
même qu'attester l'identité des contractants; la signature du créancier
comme témoin n'équivaut donc pas à une renonciation [2]. Toutefois, si
l'acte contenait la clause que l'immeuble est vendu franc et quitte de
tous priviléges et hypothèques, il faudrait admettre que le créancier
témoin ou notaire renonce à ses droits [3]. Ceci cependant ne doit pas
être rigoureusement suivi. En effet, le notaire en second et les témoins
instrumentaires signent souvent les actes sans prendre connaissance de
leur contenu; et même lorsqu'ils en prennent ou reçoivent lecture, la
clause de franc et quitte, insérée parmi tant d'autres conditions dans
un acte quelquefois fort long, peut facilement échapper à leur atten-
tion. Nous rappelons, à cette occasion, un passage de Donat : « On doit
juger, dit-il, de l'effet de ces approbations par des signatures ou autrement, selon les circonstances, la qualité des actes, celle des personnes,
la connaissance qu'elles peuvent avoir du tort que peut faire leur ap-
probation ou leur silence à leurs intérêts et à ceux des autres, leur bonne
ou mauvaise foi, l'intention des contractants et autres faits sem-
blables [4]. »

La signature apposée *honoris causâ* à un contrat de mariage, sans

---

[1] D., XX, VI, 8, § 15.

[2] Ricard, *Des Donations*, part. 1, chap. 4, sect. 3, n° 1250, et Pothier, *Traité des Hypothèques*, chap. 3, § 5.

[3] Troplong, *Des Priv. et Hyp.*, t. IV, p. 35. Basnage, chap. 17. Grenier, *Des Hyp.*,
t. II, p. 508. Persil, *Rég. hyp.*, p. 354.

[4] *Des Gages et Hypothèques*, liv. 3, tit. 1, sect. 7, n° 15.

que le signataire en ait pris connaissance, celle qui figurerait au bas
de l'acte de suscription d'un testament mystique, dont personne, ex-
cepté le testateur, ne connaît le contenu, ne peuvent préjudicier au
créancier témoin.

La circonstance que le créancier a connu l'aliénation sans s'y être
opposé, ne prouve pas son consentement à l'aliénation; la vente peut
se faire sans son concours et laisse intacts ses droits hypothécaires; il
n'avait donc aucune raison pour s'opposer à l'aliénation, et son silence
n'entraîne point de renonciation tacite.

La renonciation tacite s'induit encore du consentement donné par
le créancier à ce que l'immeuble qui lui est affecté soit hypothéqué à
une autre personne; est également censé consentir le créancier qui signe
l'acte par lequel le débiteur hypothèque l'immeuble à un tiers[1]. En
effet, le débiteur n'ayant pas besoin du consentement du créancier
pour consentir des hypothèques postérieures sur ses immeubles, cette
adhésion du créancier n'a pu être donnée qu'aux fins de remettre l'hypothèque[2]. Cependant, nous admettons que le créancier hypothécaire
qui signe en qualité de notaire ou de témoin l'acte par lequel le débiteur constitue de nouvelles hypothèques sur l'immeuble déjà grevé,
conservera ses droits ou sera censé renoncer à son hypothèque, selon
que la constitution d'hypothèque sera pure et simple ou contiendra la
déclaration que l'immeuble est franc et quitte.

On peut encore se demander si le créancier, en consentant express-
sément ou tacitement que l'immeuble à lui hypothéqué le soit encore
à d'autres, entend seulement céder son rang hypothécaire au nouveau
créancier ou s'il se désiste entièrement de ses droits hypothécaires.
Lorsqu'aucune conclusion à cet égard ne peut être tirée des termes et
de l'ensemble de l'acte, on peut admettre que le créancier ne renonce
à son hypothèque qu'en faveur du nouveau créancier, au contrat duquel il intervient, dans l'intérêt de ce dernier et à l'effet de le subroger

---

[1] Pothier, *Pand.*, t. 1, p. 586, n° 35.
[2] Pothier, *Traité des Hyp.*, ch. 3, § 5.

dans tous ses droits, par la raison qu'on ne doit pas facilement présumer une renonciation entière et absolue[1].

La femme qui s'oblige solidairement avec son mari et signe avec lui
l'acte d'affectation hypothécaire, est censée renoncer à son hypothèque
légale sur l'immeuble hypothéqué, en faveur du créancier envers lequel elle s'est obligée[2]. Ordinairement le même acte renferme l'obligation et la constitution d'hypothèque; le contraire arrivant, on ne
pourrait induire une renonciation de ce que la femme ait signé l'obligation solidairement avec son mari, si ce dernier a constitué seul et
par acte séparé une hypothèque pour sûreté de ladite obligation. On
pourrait dire: cela revient en fin de compte au même; du moment
que la femme est obligée, ses biens personnels répondent de ses enga-
gements. Oui; mais, si la femme subroge d'autres créanciers dans son
hypothèque légale, et que ses biens personnels soient plus tard inexis-
tants, les créanciers subrogés pourront être entièrement désintéressés,
et celui qui s'est contenté de l'engagement solidaire de la femme, quoique
antérieur aux autres créanciers, pourrait se trouver complétement
frustré.

En somme, toutes les fois qu'il y aura lieu de supposer l'existence
d'une renonciation tacite pour une des causes relatées plus haut ou
par toute autre circonstance, il sera important de rechercher quelle a
été la commune intention des parties (C. N., art. 1156), sans trop
s'attacher au sens littéral des mots; dans le doute, la convention doit
être interprétée contre celui qui a stipulé et en faveur de celui qui a
contracté l'obligation (C. N., art. 1162). Dans notre hypothèse, celui
qui a contracté l'obligation est remplacé par le créancier, qui rend sa
condition pire, et celui qui a stipulé par celui auquel profite la renonciation.

[1] Dalloz, *Hyp.*, p. 422, n° 6. MM. Aubry et Rau, t. II, § 292, note 5. Troplong, *Des Priv. et Hyp.*, t. IV, n° 871.

[2] Si elle était mariée sous le régime dotal, elle ne pourrait valablement renoncer à son hypothèque légale.

§ 2. De l'extinction du fonds hypothéqué.

La destruction ou disparition totale de l'immeuble affecté rend l'hypothèque sans objet; elle s'évanouit, par conséquent, d'elle-même; mais il faut pour cela que l'immeuble périsse en totalité; s'il en restait une partie seulement, l'hypothèque subsisterait sur cette partie. Ainsi elle continue de frapper le sol sur lequel était construite la maison hypothéquée. Si les eaux ont enlevé une partie d'un champ et l'ont transformé en île, l'hypothèque se conserve sur cette dernière.

Pothier[1] enseignait même autrefois que l'hypothèque continuait d'exister sur les matériaux qui avaient échappé à la destruction de l'immeuble, tant qu'ils paraissaient destinés à la reconstruction de la maison. Mais cette opinion ne s'accorde plus avec l'art. 532 du Code Napoléon, aux termes duquel les matériaux sont essentiellement meubles et ne deviennent immeubles qu'au fur et à mesure qu'ils sont incorporés à l'immeuble en construction.

§ 3. De la condition résolutoire.

Lorsque, par l'effet d'une clause résolutoire, le droit de celui qui a constitué l'hypothèque vient à cesser, l'hypothèque s'éteindra également par application de la maxime: « *Soluto jure dantis, solvitur jus accipientis.* »

Ainsi, l'hypothèque, constituée par l'acquéreur sous faculté de rachat, s'éteint lorsque le vendeur exerce le réméré; il en est de même dans le cas de révocation d'une donation entre vifs pour cause d'inexécution des conditions ou survivance d'enfants; l'acquéreur et le donataire, n'étant propriétaires que sous certaines conditions, n'ont pu constituer que des hypothèques dont l'existence était subordonnée aux mêmes conditions; leurs droits de propriété venant à cesser, les hypothèques qu'ils ont eu le droit de constituer en qualité de propriétaires n'ont plus de fondement légal, et par suite sont annulées.

[1] *Des Hyp.*, ch. III, § 1er.

§ 4. *Du défaut d'inscription dans les délais prescrits.*

Les hypothèques et priviléges ne peuvent plus être utilement inscrits : 1° après l'expiration de la quinzaine à partir de la transcription de la vente de l'immeuble hypothéqué (C. de pr., art. 834) ; 2° après l'adjudication définitive en cas d'expropriation par suite de saisie immobilière[1].

De même l'inscription d'hypothèque prise sur les immeubles d'un failli dans les dix jours qui ont précédé l'ouverture de la faillite, est sans effet en ce qui concerne les autres créanciers du failli, bien que l'acte d'où résulte l'hypothèque soit antérieur à ces dix jours (C. N., art. 2146, et C. de com., art. 443). Cette disposition ne concerne point les priviléges dispensés d'inscription et les hypothèques légales, ni même les priviléges soumis à l'inscription, lorsque les délais, dans lesquels ces derniers doivent être inscrits, ne sont pas encore expirés[2].

L'hypothèque inscrite par l'un des créanciers d'une succession acceptée sous bénéfice d'inventaire ou vacante, est sans effet vis-à-vis des autres créanciers, quand même l'hypothèque résulte d'un titre antérieur au décès et ait été inscrite avant la vacance d'hérédité ou son acceptation sous bénéfice d'inventaire[3].

Le cohéritier ou copartageant est tenu d'inscrire son privilége pour les soultes et retours de lots ou pour le prix de la citation dans les soixante jours, à dater de l'acte de partage ou de l'adjudication par

---

[1] Ceci s'applique même aux hypothèques légales des femmes, mineurs et interdits. Voy. plus loin.

[2] MM. Aubry et Rau, *Cours de Droit civil français*, t. II, § 272. Merlin, *Rép.*, v° Inscription hypothécaire, § 4, n° 10. Grenier, *Des Hyp.*, I, 125. Persil, sur l'art. 2146, n° 3. Troplong, *Des Priv. et Hyp.*, t. III, n° 650. *Contra :* Cass. 16 juillet 1816, Sirey, XIX, 1, 27, et 12 juillet 1824. Dalloz, *Jur. gén.*, v° Hypothèque, p. 105.

[3] Elle produit tout son effet à l'égard de toutes autres personnes. Persil, sur l'art. 2146, n° 13. Troplong, *Des Priv. et Hyp.*, t. III, n° 658 *bis*. MM. Aubry et Rau, t. II, § 272. Merlin, *Rép.*, v° Inscription hypothécaire, § 4, n° 5, et *Quest.*, v° Succession vacante, § 1er. Grenier, t. I, n° 120. Battur, III, n° 413.

4

licitation (C. N., art. 2109) ; faute par lui de le faire dans ce délai, le privilége dégénère en une simple hypothèque, dont l'efficacité se détermine d'après les règles générales sur les hypothèques (C. N., art. 2113).

§ 5. De la réduction prononcée en justice.

Le droit hypothécaire s'éteint sur un ou plusieurs des immeubles affectés à une créance, lorsque le créancier consent qu'ils en soient affranchis ou que la réduction en a été ordonnée par jugement.

La loi autorise le débiteur à demander en justice la restriction de l'hypothèque, lorsqu'il s'agit d'une hypothèque légale ou judiciaire dont l'inscription frappe sur des immeubles dont la valeur est de beaucoup supérieure au montant de la créance (C. N., art. 2161). La demande en réduction ne peut avoir lieu pour les hypothèques conventionnelles.

Pour que la réduction soit prononcée, il faut que la valeur d'un seul ou de quelques-uns des immeubles hypothéqués excède de plus d'un tiers, en fonds libres, le montant de la créance en capital et accessoires (C. N., art. 2162).

Lorsque l'hypothèque n'a pas été restreinte par l'acte de nomination du tuteur, celui-ci pourra, dans le cas où l'hypothèque générale sur ses immeubles excéderait notoirement les sûretés suffisantes pour sa gestion, demander que cette hypothèque soit restreinte aux immeubles suffisants pour opérer une pleine garantie en faveur du mineur. La demande sera formée contre le subrogé tuteur, et elle devra être précédée d'un avis de famille (C. N., art. 2143).

Le mari peut également, du consentement de sa femme, et après avoir pris l'avis des quatre plus proches parents de cette dernière, réunis en assemblée de famille, demander que l'hypothèque générale sur tous ses immeubles, pour raison de la dot, des reprises et conventions matrimoniales, soit restreinte aux immeubles suffisants pour la conservation entière des droits de la femme (C. N., art. 2144).

Dans ces deux derniers cas, les jugements sur les demandes en réduction ne sont rendus qu'après avoir entendu le procureur impéria et contradictoirement avec lui (C. N., art. 2145).

§ 6. *De la prescription.*

La prescription est une des causes les plus importantes de l'extinction de l'hypothèque. Nous l'envisagerons sous deux rapports et nous traiterons successivement de la prescription acquise au débiteur principal qui possède les immeubles hypothéqués et de celle acquise au tiers détenteur de l'immeuble affecté.

a. L'art. 2180, 4°, porte : « La prescription est acquise au débiteur, quant aux biens qui sont dans ses mains, par le temps fixé pour la prescription des actions qui donnent l'hypothèque ou le privilége. » Cela revient à dire que, lorsque l'obligation principale est éteinte par la prescription, l'hypothèque est également prescrite. Ce mode d'extinction est déjà compris dans le premier paragraphe de l'art. 2180, où il est dit que l'hypothèque s'éteint par l'extinction de l'obligation principale, vu que la prescription est une des causes d'extinction des obligations (C. N., art 1234).

En statuant expressément sur la prescription de l'hypothèque en ce qui concerne le débiteur, la loi a voulu signaler la différence entre le cas où l'immeuble est *apud debitorem* et celui où il est possédé par un tiers, quant à la manière dont s'acquiert la prescription dans ces deux hypothèses, et, en second lieu, d'abroger les dispositions de l'ancien Droit, sous l'empire duquel, sur le fondement de la loi *cum notissimi,* § 1er au Code 7, *de Præscrip. trig. vel quod. annorum,* la doctrine presque généralement admise était que l'action hypothécaire contre le débiteur, principal détenteur de la chose hypothéquée, ou contre ses héritiers, ne se prescrivait que par quarante ans, tandis que l'action personnelle était éteinte après trente ans[1].

---

[1] Cette prescription de quarante ans ne s'appliquait qu'aux hypothèques convention-

4.

Les dispositions de la loi *cum notissimi* n'étaient pas conformes au principe que l'accessoire suit le sort du principal ; car l'hypothèque, étant l'accessoire de l'obligation principale, ne doit pas survivre à l'existence de l'obligation. Mais, dit Cujas[1], « l'action hypothécaire n'est pas purement l'accessoire de l'action personnelle. En effet, supposons que le débiteur vienne à vendre les biens hypothéqués, et qu'il meure ensuite sans héritier ni hoirie. Dans ce cas, l'action personnelle peut cesser, mais l'hypothécaire reste toujours contre le tiers détenteur. Or, si cela peut avoir lieu contre un tiers, cela doit également avoir lieu contre le débiteur et ses héritiers. »

Le Code Napoléon, plus conforme aux vrais principes, a rejeté avec raison cette doctrine, en décidant que l'hypothèque se prescrit par le même laps de temps que l'action personnelle, lorsque le débiteur reste propriétaire des immeubles hypothéqués. Ainsi, la créance est-elle de nature à être prescrite par six mois, un an ou trente ans, l'hypothèque s'éteindra après six mois, un an ou trente ans ; l'hypothèque légale du mineur sur les biens de son tuteur se prescrira par dix ans, à compter du jour de la majorité, parce toute action du mineur contre son tuteur, relativement aux faits de la tutelle, se prescrit par dix ans, à compter de la majorité (C. N., art. 475)[2].

b. Lorsque l'immeuble a passé entre les mains d'un tiers détenteur, l'hypothèque le suit, et s'isole, pour ainsi dire, de l'obligation principale ; dans ce cas, l'hypothèque s'éteindra non-seulement par voie de conséquence, par la prescription de l'obligation principale, mais elle pourra même être prescrite directement par le nouveau possesseur contre le créancier.

nelles. Les hypothèques légales et judiciaires se prescrivaient par trente ans. Henrys et Bretonnier, liv. 4, ch. 6, q. 75. Basnage, p. 95, col. 2. Pothier, *Orl.*, t. XIV, n° 60. Troplong, t. IV, n° 876.

[1] Sur la loi 1, § *cum prædium C. D. Pignor.*

[2] La prescription étant dans ce cas un mode d'extinction par voie de conséquence, aurait dû figurer dans la première partie ; nous l'avons placée ici pour mieux enchaîner la matière.

La prescription directe de l'hypothèque se trouvant plus particu-
lièrement en contact avec le droit de propriété du nouveau possesseur,
surtout lorsqu'elle court en même temps que celle de la propriété [1],
on a dû prendre pour base de cette prescription le temps fixé pour la
prescription de la propriété et non celui voulu pour prescrire l'obligation.

Cette coïncidence n'empêche cependant pas la prescription de l'hypothèque et celle de la propriété d'être entièrement distinctes l'une de
l'autre, et il ne serait nullement vrai de dire que, lorsque le tiers détenteur a prescrit la propriété, il a par cela même acquis l'affranchissement de l'hypothèque ou réciproquement [2]; ces deux droits, la propriété et l'hypothèque, sont indépendants l'un de l'autre : la propriété
appartient au véritable propriétaire, l'hypothèque au créancier, et chacun de ces droits peut être prescrit séparément.

L'action personnelle et l'action hypothécaire, se trouvant divisées,
devront être intentées séparément contre le débiteur principal et contre
le tiers détenteur, d'où il suit que l'interruption de la prescription de
l'action hypothécaire laissera courir la prescription contre l'action personnelle et réciproquement, et que le créancier, pour conserver tous
ses droits, sera obligé d'interrompre la prescription tant contre son
débiteur que contre le tiers détenteur.

Si pour une cause quelconque le créancier n'a interrompu la prescription que contre le débiteur principal, l'action hypothécaire sera
éteinte et il ne lui restera que l'action personnelle. Quant à l'action
personnelle, du moment qu'elle est éteinte par la prescription, l'hypothèque le sera aussi par voie de conséquence, ainsi que nous l'avons

---

[1] Lorsque le nouveau possesseur reçoit l'immeuble *a domino*, il prescrit uniquement à
l'effet d'acquérir la libération de l'hypothèque; dans le cas contraire, il prescrit contre le
véritable propriétaire à l'effet d'acquérir la propriété, et contre le créancier à l'effet d'acquérir l'affranchissement de l'hypothèque.

[2] Grenier, t. II, n° 510. Delvincourt, t. III, p. 386. Dalloz, *Hyp.*, p. 423, n° 17.
Troplong, t. IV, n° 878.

vu plus haut, quand même le créancier aurait, pendant que la prescription de l'action personnelle s'accomplissait, interrompu celle de l'action hypothécaire contre le tiers détenteur[1].

D'après cela, le temps requis pour prescrire directement l'hyothèque contre le tiers détenteur sera de dix ou vingt ans, lorsque le tiers détenteur a juste titre et bonne foi, selon que le créancier habitera dans le ressort de la Cour impériale, dans l'étendue de laquelle l'immeuble est situé, ou hors dudit ressort (C. N., art. 2265 et 2266).

La bonne foi venant à manquer, le temps voulu sera de trente ans (art. 2262).

Le juste titre s'entend naturellement du titre de propriété, car ce n'est qu'en sa qualité de propriétaire que le nouvel acquéreur peut prescrire contre les créances hypothécaires.

La bonne foi en matière d'acquisition est la croyance dans laquelle se trouve l'acquéreur que le vendeur est véritable propriétaire et qu'il a capacité pour vendre; en matière d'hypothèques, c'est l'ignorance dans laquelle se trouve l'acquéreur des hypothèques qui grèvent l'immeuble à lui vendu. Cette ignorance n'existe pas, et l'acquéreur ne pourra alléguer la bonne foi, lorsque la vente est faite à la charge de telles et telles hypothèques, ou seulement à la charge des hypothèques affectées sur l'immeuble vendu[2].

Mais, lorsqu'aucune hypothèque n'est déclarée dans la vente, l'acquéreur sera censé être de bonne foi, à moins que le créancier ne puisse lui prouver qu'il a eu connaissance des hypothèques ou inscriptions. Nous disons que le créancier est obligé de prouver la mauvaise foi de l'acquéreur; en effet, l'art. 2268 dit : « La bonne foi est toujours présumée, et c'est à celui qui allègue la mauvaise foi à la prouver. »

Il est possible que l'acquéreur ignore les hypothèques grevant l'immeuble vendu, parce qu'il a négligé de recourir aux registres de la conservation des hypothèques; il est censé ignorer l'hypothèque lé-

---

[1] Troplong, t. IV, n° 878, et t. II, n° 659.
[2] Delvincourt, t. III, p. 385, note 3 *in fine*. Grenier, t. II, n° 515.

gale non inscrite que l'extrait des registres délivré par le conservateur ne peut relater; enfin, s'il se fait délivrer un état lors de la vente, il ne peut encore connaître les inscriptions qui ne surviendraient que dans la quinzaine de la transcription.

Peu importe que l'acquéreur découvre plus tard des hypothèques dont il ignorait l'existence au moment de la vente; il suffit, pour que la bonne foi existe, qu'il les ait ignorées lors de la vente (art. 2269).

Mais, dès que l'acquéreur a eu connaissance d'une manière quelconque, au moment de la vente, de l'existence d'hypothèques, il est constitué de mauvaise foi [1].

Il est cependant des auteurs qui admettent que la connaissance de l'hypothèque ne constitue pas l'acquéreur de mauvaise foi, ce dernier pouvant croire que le débiteur, ne l'ayant pas chargé d'acquitter les créances hypothécaires, les paierait lui-même [2]; mais ce n'est là qu'une présomption; l'acquéreur est dans le doute et ne peut donc être de bonne foi : *in bona fide non est qui dubitat.*

La prescription par dix ou vingt ans, qui suppose juste titre et bonne foi, commence à courir du jour où le titre a été transcrit sur les registres de la conservation des hypothèques (C. N., art. 2180). Sans cette disposition, le créancier n'eût jamais été assuré contre la prescription de ses hypothèques, car l'aliénation de l'immeuble peut lui rester inconnue, surtout lorsque le débiteur continue de bonne ou de mauvaise foi à le détenir à un autre titre que celui de propriétaire.

Lorsque le tiers détenteur n'a pas de titre ou que son titre est vicieux, la prescription s'accomplira par trente ans, qui commenceront à courir du jour de la possession, de même que pour la prescription de la propriété.

La prescription de l'hypothèque est interrompue à l'égard du débiteur principal, lorsque ce dernier reste propriétaire de l'immeuble

[1] Troplong, t. IV, n° 880 et suiv. Pothier, *Orl.*, t. XIV, n° 2. Dalloz, *Hyp.*, p. 423, n° 16.

[2] Grenier, t. II, n° 514. Delvincourt, t. III, p. 385, note 3. Rousseaud Lacombe, *Prescription*, sect. 3, n° 1. Catelan, liv. 7, ch. 21. Battur, t. IV, n° 772.

hypothéqué, par les mêmes moyens que la prescription de l'obligation principale.

Lorsque le débiteur a aliéné l'immeuble hypothéqué, le créancier est obligé d'empêcher la prescription de courir au profit du tiers détenteur; ce but sera atteint au moyen de la reconnaissance de l'hypothèque faite par l'acquéreur, ou par la sommation de payer ou délaisser adressée au tiers détenteur, en vertu de l'art. 2109 du C. N. [1].

La prescription n'est interrompue ni contre le débiteur, ni contre le tiers détenteur, par une inscription hypothécaire (C. N., art. 2180), vu que l'inscription est un acte dans lequel le créancier est seul partie et dont le débiteur, pour la plupart du temps, n'a aucune connaissance.

Enfin, le tiers détenteur est censé renoncer à la prescription de l'hypothèque, à l'égard de ceux des créanciers envers lesquels il remplit les formalités de la purge.

§ 7. De la purge.

La purge est l'ensemble des formalités que doit remplir le tiers détenteur d'un immeuble, non obligé personnellement à la dette, pour parvenir à affranchir cet immeuble des priviléges et hypothèques dont il est grevé.

Anciennement la purge s'opérait par la procédure du décret volontaire, procédure longue et coûteuse qui absorbait souvent le prix des immeubles.

L'édit du mois de juin 1771 remplaça le décret volontaire par les lettres de ratification; sous l'empire de cette législation, le créancier était tenu d'exposer publiquement, pendant deux mois, son titre translatif de propriété au greffe du bailliage ou sénéchaussée dans le ressort duquel étaient situés les héritages que l'on voulait purger; le délai de

---

[1] Grenier, t. II, n° 817. Delvincourt, t. III, p. 388, note 5. Dalloz, *Hyp.*, p. 424, n° 23. Troplong, *Prescription*, t. II, n°s 579 et 580.

deux mois expiré sans qu'il y ait eu d'opposition, les lettres de ratification étaient scellées purement et simplement, et l'immeuble demeurait purgé des priviléges et hypothèques. Avant le sceau des lettres de ratification et durant le temps de l'exposition du contrat, tout créancier privilégié, hypothécaire ou même chirographaire des précédents propriétaires, avait le droit de faire opposition ou de surenchérir d'un dixième le prix porté au contrat d'acquisition, et d'un vingtième en cas de surenchère déjà faite par un autre créancier, mais en fournissant caution suffisante.

En cas d'opposition, les lettres de ratification, après l'expiration du temps voulu, étaient scellées et expédiées au tiers détenteur à la charge des oppositions existantes.

Les créanciers opposants étaient ensuite colloqués sur le prix, les créanciers privilégiés et hypothécaires suivant le rang de leurs priviléges et hypothèques, et les créanciers chirographaires, en cas d'insuffisance du restant du prix, au marc le franc de leurs prétentions respectives, au préjudice des créanciers privilégiés et hypothécaires qui n'avaient pas formé opposition.

A l'édit de 1771 succéda la loi du 18 brumaire an VII (8 novembre 1798). Cette loi soumit tous les actes d'aliénation à la nécessité de la transcription, qui devint une condition de la transmission de la propriété et rendait le contrat opposable aux tiers, à la charge des hypothèques dont l'immeuble était grevé au moment de la transcription. L'acquéreur qui voulait purger, devait notifier aux créanciers dans le mois de la transcription : 1° son contrat d'acquisition, 2° le certificat de transcription et 3° l'état des charges et hypothèques assises sur la propriété, avec déclaration d'acquitter sur-le-champ celles échues et à échoir jusqu'à concurrence du prix stipulé. Les créanciers avaient alors le droit ou d'accepter les offres du tiers détenteur, ou de requérir la mise aux enchères dans le mois de la notification, en s'engageant à faire porter le prix à un vingtième en sus.

Le Code Napoléon, complété par le Code de procédure civile, a apporté de nouvelles et importantes modifications à la loi de brumaire an VII.

Le droit de purger les priviléges et hypothèques est toujours facultatif pour le tiers détenteur; car il a été sanctionné dans l'intérêt personnel de ce dernier, ainsi qu'il résulte du texte même des art. 2179 et 2183 du Code Napoléon. Il n'appartient cependant qu'à ceux qui ne sont point personnellement obligés à la dette, soit par la nature du titre, soit par les conditions y stipulées, soit pour tout autre motif.

Les formalités pour arriver à la purge sont différentes, selon qu'il s'agit d'hypothèques inscrites ou d'hypothèques légales dispensées d'inscription. Nous traiterons séparément chacun de ces deux points.

SECTION PREMIÈRE.

DU MODE DE PURGER LES PROPRIÉTÉS DES PRIVILÉGES ET HYPOTHÈQUES INSCRITS.

A. De la transcription.

L'art. 2181 porte : « Les contrats translatifs de la propriété d'immeubles ou droits réels immobiliers que les tiers détenteurs voudront purger de priviléges et hypothèques, seront transcrits en entier par le conservateur des hypothèques dans l'arrondissement duquel les biens sont situés. Cette transcription se fera sur un registre à ce destiné, et le conservateur sera tenu d'en donner reconnaissance au requérant. »

La première formalité de la purge est donc la transcription. Elle consiste, aux termes de l'article précité, dans la cop'e littérale du titre translatif de propriété du tiers détenteur, sur un registre spécial à ce destiné, faite par le conservateur des hypothèques de l'arrondissement dans lequel les biens sont situés.

Si les immeubles qu'on veut purger sont situés dans divers arrondissements, la transcription devra être faite dans le bureau de chaque arrondissement.

Le conservateur est tenu de donner reconnaissance au requérant de l'accomplissement de la transcription, ce qu'il fait en mentionnant la transcription sur l'acte qui lui a été présenté et qui doit être rendu au nouveau propriétaire.

Sous la loi de brumaire an VII, la vente n'était valable et opposable aux tiers qu'après la transcription ; jusque-là le vendeur pouvait encore vendre et hypothéquer l'immeuble à d'autres ; la transcription fixait irrévocablement la vente et purgeait toutes les hypothèques non inscrites au moment de la transcription. Mais depuis que la vente est parfaite par le seul consentement des parties, c'est-à-dire par le fait même de la vente, la transcription n'ajoute plus rien à sa validité[1]. Il s'ensuit que, dès qu'une première vente est conclue, l'ancien propriétaire ne peut plus transmettre l'immeuble à d'autres ou le grever de nouvelles hypothèques ; tous les actes postérieurs seraient nuls et de nul effet.

Sous le régime pur du Code Napoléon et avant la promulgation du Code de procédure civile, la vente seule purgeait tous les priviléges et hypothèques non inscrits au moment de l'aliénation[2]. La transcription n'était pas nécessaire pour arrêter le cours des inscriptions, ce n'est que la formalité préliminaire pour arriver au purgement des hypothèques inscrites au moment de la vente.

Ces dispositions avaient été dictées par la considération que l'acquéreur, en souscrivant aux conditions de la vente et au mode de paiement du prix, se réglait sur l'état des inscriptions existantes ; il n'eût donc pas été juste de l'exposer à être inquiété par des hypothèques manifestées postérieurement[3] ; d'ailleurs, ayant reçu l'immeuble sans inscriptions au moment de la vente, il devait le garder tel ; d'où il suit que l'aliénation, en rendant inutiles les inscriptions postérieures, pur-

[1] Grenier, t. II, p. 114.
[2] Merlin, t. XVI, *Inscript.*, p. 451. Grenier, t. II, p. 117. Tarrible, v° Transcription. Troplong, *Hyp.*, t. IV, n° 895. Cassation, 13 février 1825. Dalloz, XXV, 1, 155.
[3] Locré, *Esprit du Code de procédure civile*, art. 834 et 835.

5.

geait par elle-même les hypothèques non inscrites. L'art. 2182 dit bien
que l'immeuble n'est transmis que sous l'affectation des mêmes priviléges et hypothèques dont il était chargé; mais la loi n'entend parler
que des hypothèques inscrites toutes les fois qu'elle les considère par
rapport au droit de suite, ainsi qu'il résulte de l'art. 2166 : « Les créanciers ayant privilége ou hypothèque *inscrite* sur un immeuble, le suivent, en quelques mains qu'il passe, etc. » Cette doctrine trouva d'opi-
niâtres adversaires en la personne des directeurs de la régie et de l'enregistrement, et il fallut un avis du Conseil d'État pour décider la
question contre eux. Cet avis, rendu à la date du 11 fructidor an XIII
(29 août 1805), s'exprime ainsi : « Il ne doit point rester de doute que,
depuis le Code Napoléon, la vente authentique ne suffise pour arrêter
le cours des inscriptions, même par rapport aux créanciers antérieurs
du vendeur, dont l'hypothèque non inscrite au temps de la vente est
sans force à l'égard du tiers acquéreur[1]. » La question fut de nouveau
soumise au Conseil d'État, à la séance du 11 mars 1806; mais ne vou-
lant pas, contrairement à son opinion, émettre un avis favorable à la
régie, il résolut d'introduire dans le Code de procédure, auquel on
mettait alors la dernière main, quelques dispositions par lesquelles on
modifierait les règles consacrées au Code Napoléon. Ces dispositions
sont contenues aux art. 834 et 835 du Code de procédure civile, aux
termes desquels les créanciers sont recevables à inscrire leurs priviléges
et hypothèques jusqu'à l'expiration de la quinzaine qui suit la transcription de la vente de l'immeuble hypothéqué. Cette modification
aux principes du Code Napoléon a été sans doute une heureuse inno-
vation : Sous le régime du Code, le créancier n'était jamais sûr de
l'efficacité de l'hypothèque constituée à son profit; il suffisait que le
débiteur, après avoir conféré une hypothèque à son créancier, vendît
l'immeuble hypothéqué avant que le créancier ait pris inscription,
pour que ce dernier fût privé quelquefois, à son insu, et sans qu'il y

---

[1] *Répertoire de jurisprudence*, t. XVI, p. 454, col. 2.

ait faute de sa part, d'un droit légitimement acquis; il était donc juste d'accorder au créancier un délai pendant lequel il devait faire inscrire son hypothèque.

La transcription est dès lors devenue, pour ainsi dire, un appel aux inscriptions, et, comme tel, elle doit être un acte ayant toute la publicité possible; cette publicité existe en partie, en ce que toute personne peut recourir aux registres de la conservation des hypothèques et y puiser les renseignements dont elle a besoin; ce n'est là, en vérité, qu'une publicité incomplète; mais dans aucun cas le créancier ne pourra s'en plaindre; s'il est diligent, et qu'il prend inscription dans les délais voulus, ses droits sont entièrement sauvegardés, à quelques exceptions près.

Lorsque l'hypothèque est constituée après l'aliénation de l'immeuble hypothéqué par le débiteur, elle est nulle. Or, supposons qu'une personne vende à telle date un immeuble à elle appartenant, et que le lendemain elle constitue une hypothèque sur le même immeuble; le créancier fait inscrire son hypothèque dans les délais de la loi, après avoir constaté, par l'examen des registres du conservateur, qu'aucune vente de l'immeuble hypothéqué n'a été transcrite, toutes ces précautions n'auront cependant pas garanti le créancier contre la nullité de son hypothèque. Le créancier n'a donc aucun moyen de s'assurer si le débiteur est encore, au moment où il confère une hypothèque, propriétaire de l'immeuble hypothéqué; il n'a d'autre garantie que la bonne foi du débiteur. C'est là un des désavantages de notre système hypothécaire, et ce n'est pas sans raison que l'on travaille en ce moment à une réforme indispensable à la sécurité des transactions. Cette question peut avoir des conséquences bien plus importantes encore, en matière de vente, lorsqu'un même immeuble, vendu d'abord à un premier acquéreur qui se contente de faire enregistrer son titre pour lui conférer date certaine, est ensuite vendu une seconde fois par l'ancien propriétaire à un tiers; le second acquéreur, quoique ayant fait enregistrer et même transcrire son titre, se verra indubitablement dépouillé lorsque le premier acquéreur produira son titre. Un tel état de choses a produit d'innombrables désastres, et n'a profité qu'aux hommes de mauvaise foi. Les annales judiciaires sont là pour l'attester.

En résumé, comparons les trois législations, et nous verrons que, sous la loi de brumaire, la transcription nécessaire à la validité de la vente arrêtait le cours des inscriptions et purgeait l'immeuble de toutes les hypothèques non inscrites au moment de la transcription ; sous le Code Napoléon, la vente seule arrêtait le cours des inscriptions et purgeait les hypothèques non inscrites lors de la vente ; et, sous la législation actuelle, le créancier peut faire inscrire son hypothèque jusqu'à l'expiration de la quinzaine qui suit la transcription de la vente.

Pour que les contrats translatifs de propriété puissent être présentés à la transcription à l'effet de parvenir au purgement des hypothèques, il faut que ces actes ne soient pas de nature à imposer au nouveau propriétaire l'obligation de payer les créances hypothécaires, et qu'ils ne contiennent pas la condition ou l'obligation de les acquitter.

D'après cela, on pourra faire transcrire, dans la vue de purger, les actes de vente, d'échange, les donations et legs particuliers. Il est vrai que la loi ne parle que des *contrats* translatifs de propriété, ce qui semblerait exclure de la transcription les testaments contenant des legs ; mais il est constant que le légataire particulier n'est jamais tenu personnellement des dettes et charges de la succession du testateur ; il s'ensuit qu'il doit avoir la faculté de purger l'immeuble à lui légué des priviléges et hypothèques qui le grèvent ; on peut dès lors considérer l'expression de *contrat* translatif de l'art. 2181 comme synonyme d'*acte* translatif. « Le mot *contrat*, dit M. Grenier[1], a été employé comme étant la dénomination la plus propre aux actes qui, dans l'usage, sont le plus généralement transcrits, tels que les ventes, les échanges, etc. Mais il faut moins juger la volonté du législateur par le terme *contrat* que par l'intention qu'il a manifestée, qui est d'autoriser la transcrip-

[1] T. II, p. 136, n° 356.

tion de tous actes translatifs de propriété quelconques et de faciliter la purgation des hypothèques dont les propriétés transmises sont grevées. »

Les ventes sous seing privé peuvent être transcrites comme les ventes authentiques; cela résulte d'un avis du Conseil d'État du 12 floréal an XIII (2 mai 1805), fondé sur ce que la loi ne contient aucune disposition qui défende de transcrire les actes sous seing privé, enregistrés, sur les registres du conservateur des hypothèques; mais il peut en résulter de graves inconvénients pour les tiers, lorsque le vendeur dénie sa signature et son écriture, et l'on peut se faire une idée de l'embarras dans lequel devra se trouver un adjudicataire qui, se croyant avec raison propriétaire, se verra exposé à des poursuites si les écritures et signatures du vendeur sont désavouées [1]. Aussi le ministre de la justice décida-t-il, par une circulaire du 25 nivôse an VIII (15 janvier 1800), qu'on ne pouvait faire transcrire, à l'effet de purger, que les contrats d'aliénation passés en forme authentique ou du moins formellement reconnus, décision qui fut plus tard annulée par l'avis du Conseil d'État sus-relaté.

Quant aux donations entre vifs, la transcription n'est pas seulement exigée pour commencer la procédure aux fins de purge; elle est encore nécessaire pour rendre la donation opposable aux tiers (C. N., art. 939, 941).

Il peut arriver qu'un acte translatif de propriété soit commun à plusieurs personnes. Supposons, par exemple, qu'un individu vende par un même acte différents immeubles à plusieurs acquéreurs : le fonds A à Primus pour 10,000, le fonds B à Secundus pour 5000, et le fonds C à Tertius pour 20,000 francs; l'un ou l'autre de ces acquéreurs pourra-t-il, pour purger l'immeuble à lui transmis, ne faire transcrire la vente qu'en ce qui le concerne? En d'autres termes, si ces différentes ventes, contenues cependant en un seul et même acte, sont entièrement

---

[1] Grenier, t. II, p. 128. Troplong, *Hyp.*, t. IV, n° 902.

indépendantes l'une de l'autre, et si chacun des acquéreurs est soumis à des charges et obligations particulières sans indivisibilité ni solidarité, celui des acquéreurs qui voudra purger l'immeuble à lui transmis sera-t-il tenu de faire transcrire la vente en son entier et même en ce qui concerne les autres acquéreurs, ou bien pourra-t-il simplement requérir la transcription d'un extrait littéral de l'acte contenant toutes les clauses et conditions de la vente de l'immeuble par lui acquis?

L'art. 2181 exige que l'acquéreur fasse transcrire en entier l'acte translatif de propriété sur les registres du conservateur; il semblerait donc au premier abord que la question que nous venons de poser devrait être décidée dans un sens négatif; mais il s'agit de bien saisir la portée de cette disposition; le Code n'a évidemment entendu parler que d'un acte qui ne contient qu'une seule et même mutation, et, dans ce cas, il exige la transcription de l'acte entier sans omission et non celle d'un extrait dudit acte; lors donc qu'un acte renferme, bien qu'en un seul contexte, différentes ventes distinctes et séparées, on agira sans aucun doute conformément à la loi, en faisant transcrire séparément, mais en entier, chacune de ces ventes; les conservateurs devraient donc transcrire de pareilles ventes sur la production d'un extrait littéral; mais ils devraient refuser les extraits analytiques [1]. Dans la pratique cependant, les conservateurs ne transcrivent jamais d'extraits ni littéraux, ni analytiques.

Lorsqu'une personne acquiert par un même acte différents immeubles, chacun pour un prix déterminé, elle pourra, en principe, pour purger l'un de ces immeubles, ne faire transcrire la vente qu'en ce qui concerne l'immeuble qu'elle veut affranchir; par les mêmes raisons nous admettons que les donataires et légataires particuliers doivent pouvoir faire transcrire, en ce qui les concerne, seulement les actes en vertu desquels ils sont devenus propriétaires.

---

[1] Jugement du tribunal de Pont-Audemer du 29 décembre 1829, rapporté dans Baudot, *Traité des formalités hypothécaires*, t. II, p. 9.

Lorsqu'une vente est faite à plusieurs personnes pour un seul prix, l'acte prend alors un caractère d'indivisibilité qui rend la transcription également indivisible.

L'échange renferme bien aliénation de deux immeubles à deux personnes différentes; mais ces deux aliénations dépendent entièrement l'une de l'autre; la transmission de l'un des immeubles est la condition de l'aliénation de l'autre; la transcription de tout l'acte est donc indispensable [1].

Lorsqu'un immeuble a passé successivement entre les mains de plusieurs acquéreurs et que les contrats d'acquisition n'ont pas été transcrits, quelles seront les obligations imposées au dernier acquéreur pour arriver à purger l'immeuble, non-seulement des hypothèques qui le grèvent du chef de son vendeur immédiat, mais encore de celles qui peuvent appartenir aux créanciers des précédents propriétaires?

Supposons qu'un contrat de vente ne contienne que la déclaration que l'immeuble est la propriété du vendeur, sans énoncer de quelle manière il lui est avenu, et sans relater les anciens titres de propriété et les noms des précédents propriétaires, soit que l'acquéreur ait pleine confiance en la bonne foi du vendeur et n'exige pas d'établissement de propriété, soit que le vendeur ne puisse fournir les renseignements nécessaires à cette opération; de pareilles ventes se font journellement, surtout celles sous seing privé, sans que l'on se doute des dangers auxquels on s'expose. Si l'acquéreur fait transcrire purement et simplement son contrat dans l'hypothèse que nous venons de poser, il préparera bien la purgation des hypothèques personnelles à son vendeur; mais cette transcription ne sera d'aucun effet à l'égard des hypothèques constituées par les précédents propriétaires, et les créanciers de ces derniers, n'étant pas déchus de leurs droits hypothécaires, pourront venir rechercher le dernier acquéreur, quoique le prix ait été distribué aux créanciers du dernier vendeur, en vertu d'un ordre. En effet, l'acqué-

---

[1] Grenier, t. II, n° 369. Troplong, t. IV, n° 911.

6

reur ne peut prétendre que la transcription de son contrat ait dûment averti les créanciers des précédents propriétaires; cet acte, ne contenant que la désignation de l'immeuble hypothéqué et ne faisant aucune mention du précédent propriétaire, leur débiteur, ils n'ont pas été suffisamment prévenus de la nécessité de s'inscrire. Lors donc que le dernier acquéreur voudra être complétement à l'abri de toutes recherches de la part des créanciers des propriétaires antérieurs, il devra, lorsque son contrat ne contient aucun établissement de propriété, se procurer par tous les moyens possibles les contrats antérieurs et les faire transcrire. Mais, lorsque la dernière vente contient l'établissement de la propriété antérieure, indiquant les noms des précédents propriétaires, les dates des mutations, et, s'il y a lieu, les noms des notaires rédacteurs, en cas de ventes authentiques, la transcription de ladite vente sera suffisante pour donner l'éveil aux créanciers, et il devient inutile de faire transcrire les titres de propriété antérieurs qui n'ont pas été soumis à cette formalité[1].

On pourrait cependant tirer une objection à ce que nous venons de dire, des termes de l'art. 2181 du Code Napoléon, qui exige que les actes translatifs soient transcrits en entier sur les registres du conservateur; les créanciers antérieurs pourraient donc prétendre que la vente faite par leur débiteur n'ayant pas été transcrite, on ne peut leur opposer la transcription d'une vente postérieure qui ne fait qu'indiquer la vente antérieure; nous répondrons à cela que le législateur, en rédigeant cette disposition, n'a prévu que le cas de la transcription d'une vente faite pour parvenir au purgement des hypothèques existantes du chef du vendeur immédiat du dernier acquéreur.

On devra donc admettre que la transcription d'une vente contenant la nomenclature exacte de tous les précédents propriétaires, vaudra transcription des anciennes ventes. La Cour de cassation a même été plus loin en décidant, par un arrêt de la section civile du 13 décembre

[1] Delvincourt, t. III, p. 363, n° 2. Merlin, *Transcription*, p. 106, note. Troplong, *Hyp.*, t. IV, n° 913. Grenier, *Hyp.*, t. II, n° 365.

1813[1], que, soit que l'acte transcrit rappelle ou non les mutations antérieures, la transcription de cet acte est suffisante pour mettre en demeure tous les créanciers, et que, si ces derniers ne s'inscrivent pas dans la quinzaine, ils sont déchus. Nous lisons encore dans un autre arrêt de la Cour de cassation du 14 janvier 1818[2] : « Des expressions mêmes des art. 2181, 2182 et 2183 du Code civil, il résulte que le tiers détenteur n'est tenu de faire transcrire *que son contrat*, et ne doit faire de notifications qu'aux créanciers inscrits[3].

M. Tarrible[4], au contraire, est d'un avis diamétralement opposé; il veut que toutes les ventes antérieures soient transcrites en leur entier, que la dernière vente contienne ou non l'énonciation des ventes antérieures, par la raison que l'énonciation d'un acte de mutation dans une vente postérieure ne peut remplacer cet acte par rapport aux effets de la transcription, et que la loi exige textuellement la transcription entière de l'acte.

La plupart des auteurs ont cependant adopté les distinctions que nous avons établies plus haut, et leur opinion se place entre celle de M. Tarrible et celle de la Cour de cassation.

Ces distinctions ont l'avantage de concilier tous les intérêts; elles évitent à l'acquéreur les frais inutiles de transcription d'une foule d'anciens actes, lorsque son contrat d'acquisition en contient la nomenclature; elles protégent en même temps les créanciers antérieurs qui seraient injustement déchus de leurs droits par la transcription d'un acte qui ne leur fait pas voir le nom de leur débiteur, et ne leur présente qu'un immeuble qu'ils peuvent croire être un autre que celui sur lequel ils ont des droits hypothécaires.

---

[1] Sirey, XIV, 1, 50. Dalloz, *Hyp.*, p. 88.
[2] Dalloz, *Hyp.*, p. 306.
[3] Dans le même sens, MM. Aubry et Rau, t. II, § 294, note 1.
[4] *Répertoire de Jurisprudence*, § 3, n° 2, p. 102, v° Sirey, XIV, 1, 48.

B. *De la notification de la surenchère et de leurs conséquences.*

Après avoir fait transcrire son titre translatif de propriété, le tiers détenteur qui veut purger est obligé de faire aux créanciers ayant privilége ou hypothèque sur l'immeuble, les notifications dont nous allons parler.

Rien n'oblige le tiers détenteur à purger; il peut donc faire les notifications quand bon lui semble; aucun délai ne lui est prescrit lorsqu'il n'est pas poursuivi. Mais, d'après l'art. 2169 du Code Napoléon, les créanciers hypothécaires ont le droit de faire vendre l'immeuble hypothéqué trente jours après commandement fait au débiteur originaire et sommation faite au tiers détenteur de payer ou de délaisser l'immeuble[1]. Dans ce cas, le tiers détenteur qui voudra se garantir de l'effet des poursuites dirigées contre lui, sera tenu de faire les notifications au plus tard dans le mois, à compter de la première sommation qui lui est faite (C. N., art. 2183). Cette sommation ne s'entend que de la sommation de payer ou délaisser faite au tiers détenteur en suite du commandement signifié au débiteur originaire; la loi n'en exige pas d'autre; une simple sommation de purger ne met pas le tiers détenteur en demeure de faire les notifications[2]. Les mots *première sommation* doivent être entendus en ce sens que, lorsqu'il y a plusieurs créanciers inscrits sur l'immeuble qui aient fait chacun au tiers détenteur la sommation de payer ou délaisser, le délai court du jour de la première de ces sommations, et non en ce sens que chaque créancier doive

---

[1] Cette sommation faite au tiers détenteur par l'un des créanciers, profite à tous les autres et constitue même à leur égard le tiers détenteur en demeure de purger; l'acquéreur ne peut donc pas anéantir la sommation en désintéressant celui des créanciers qui l'a faite. Duranton, t. XX, n° 365. Grenier, t. II, n° 342. Troplong, t. III, n° 793, et t. IV, n° 916. Delvincourt, sur l'art. 2183. MM. Aubry et Rau, t. II, § 294, note 4. Cassation, 29 novembre 1820, Sirey, XXI, 1, 151, et 30 juillet 1822, Sirey, XXII, 1, 351.

[2] Orléans, 4 juillet 1828, Sirey, XXIX, 2, 56; Caen, 9 août 1824, Sirey, XXV, 2, 336; Bruxelles, 6 février 1823, Sirey, XXIV, 2, 175; Toulouse, 7 décembre 1830, Sirey, XXXI, 2, 165.

adresser plusieurs sommations au tiers détenteur, l'une afin de purger, l'autre afin de délaisser.

Le délai d'un mois est de rigueur[1]; si le tiers détenteur le laisse expirer sans faire les notifications, il est irrévocablement déchu du droit de purger, et les notifications qu'il ferait après ce délai seraient nulles[2].

L'art. 832 du Code de procédure civile, en prescrivant la marche à suivre pour les notifications, veut en outre qu'elles soient faites par un huissier commis à cet effet sur simple requête par le président du tribunal de première instance de l'arrondissement où la notification a lieu, c'est-à-dire de l'arrondissement de la situation de l'immeuble; la notification faite par un huissier non commis serait nulle[3].

Il a cependant été décidé qu'il n'y aurait pas nullité si l'huissier avait été commis par le président d'un tribunal autre que celui dans l'arrondissement duquel la notification a lieu[4].

La notification doit être faite à tous les créanciers inscrits; cependant l'art. 835 du Code de procédure dispense le nouveau propriétaire de la faire aux créanciers dont l'inscription n'est pas antérieure à la transcription de l'acte translatif de propriété et qui n'ont pris inscription que dans la quinzaine; mais ces créanciers ont toujours le droit de surenchérir ou de se présenter à l'ordre (C. de pr., art. 834)[5].

---

[1] Ce délai d'un mois se compose de trente jours, non compris le jour *a quo* et le jour *ad quem*, C. N., art. 2169. MM. Aubry et Rau, t. II, § 294, note 3. Battur, *Hyp.*, t. II, n°ˢ 104 et 105. Suivant M. Grenier, t. II, n° 341, le délai d'un mois doit se calculer d'après le Calendrier Grégorien.

[2] Troplong, t. IV, n° 916. MM. Aubry et Rau, t. II, § 294, note 2. Rolland de Villargues, v° Purge, n° 11; Cassation, 29 novembre 1820, Sirey, XXI, 1, 151; Paris, 18 mai 1832, Sirey, XXXII, 2, 402; Toulouse, 29 juin 1836, Sirey, XXXVII, 2, 27; Bordeaux, 11 décembre 1839, Sirey, XL, 2, 198.

[3] Grenier, t. II, n° 438. Delvincourt, t. III, p. 370, note 3. Carré, n° 2824, t. III. Dalloz, *Hyp.*, p. 372, n° 23. Paris, 21 mars 1808, Sirey, VIII, 2, 161. Turin, 1ᵉʳ juin 1811. Dalloz, *Hyp.*, p. 385, n° 4.

[4] Cassation, 7 avril 1819, Sirey, XIX, 1, 442, et 9 août 1820, Sirey, XXI, 1, 379.

[5] Delvincourt, t. III, p. 364, note 3. Persil, art. 2183, n° 4. Dalloz, *Hyp.*, p. 370, n° 13. Troplong, t. IV, n° 919.

Lorsque la notification n'a pas été faite à tous les créanciers inscrits avant la transcription, l'hypothèque du créancier omis reste intacte, si l'omission provient du fait de l'acquéreur à qui le conservateur a délivré un état exact des inscriptions ; nous verrons plus loin le cas où le conservateur des hypothèques aurait oublié un créancier dans l'état des inscriptions. Dans aucun cas, les créanciers qui ont reçu la notification ne seront fondés à poursuivre l'expropriation de l'immeuble hypothéqué sous prétexte que la notification n'aurait pas été faite à tous les créanciers[1].

L'acquéreur n'est tenu de faire les notifications aux femmes et aux mineurs en raison de leur hypothèque légale qu'autant que cette hypothèque a été inscrite avant la transcription ; dans le cas contraire, il en est dispensé, même s'il avait connaissance des titres desquels résulterait l'hypothèque légale[2] ; il en est de même des priviléges énoncés en l'art. 2101 du Code Napoléon, dispensés de l'inscription en vertu de l'art. 2107.

La notification devant contenir l'offre de payer, ainsi que nous allons le voir, constitue une obligation de la part du tiers détenteur ; il n'y a donc que les personnes capables de s'obliger qui puissent valablement notifier. Ainsi, le mineur ne peut notifier qu'avec l'assistance de son tuteur[3], la femme mariée qu'avec l'autorisation de son mari.

Aux termes de l'art. 2183 du Code Napoléon, les notifications devront être faites par le tiers détenteur aux créanciers aux domiciles par eux élus dans leurs inscriptions, et contenir : 1° L'extrait de son titre, indiquant seulement la date et la qualité de l'acte, le nom et la désignation précise du vendeur ou du donateur, la nature et la situation de la chose vendue ou donnée, et, s'il s'agit d'un corps de biens, la dénomination générale seulement du do-

---

[1] MM. Aubry et Rau, t. II, § 294, note 5. Cassation, 28 mai 1817. Sirey, XVIII, 1, 297.

[2] Troplong, t. IV, n° 921, note 1. Cassation, 20 janvier 1836. Dalloz, XXXVI, 1, 75.

[3] Troplong, t. IV, n° 923. M. Grenier, t. II, n° 459, pense que le tuteur doit en outre se faire autoriser par le conseil de famille.

maine et des arrondissements dans lesquels il est situé, le prix et les charges faisant partie du prix de la vente, ou l'évaluation de la chose, si elle a été donnée; 2° extrait de la transcription de l'acte de vente; 3° un tableau sur trois colonnes, dont la première énoncera la date des hypothèques et celle des inscriptions; la seconde, le nom des créanciers; la troisième, le montant des créances inscrites.

« L'acquéreur ou le donataire déclarera, par le même acte, qu'il est prêt à acquitter sur-le-champ les dettes et charges hypothécaires jusqu'à concurrence seulement du prix, sans distinction des dettes exigibles ou non exigibles » (C. N., art. 2184).

L'indication du prix est certainement une chose très-importante pour les créanciers; elle les met à même de voir si l'immeuble a été porté à sa juste valeur, s'ils doivent s'en contenter, ou requérir la mise aux enchères, lorsque, n'étant pas couverts de leurs prétentions, ils estiment que l'immeuble est d'une plus grande valeur que celle indiquée.

En cas de donation, le donataire devra notifier aux créanciers l'évaluation qu'il donne à l'immeuble et qu'il offre de leur payer. La même évaluation doit avoir lieu en cas d'échange[1].

Lorsqu'une aliénation a eu lieu moyennant certaines charges indéterminées, comme rente viagère ou autre prestation quelconque, l'acquéreur sera encore obligé d'en donner l'évaluation dans les notifications[2].

Ajoutons à cela l'art. 2192 : « Dans le cas où le titre du nouveau propriétaire comprendrait des immeubles et des meubles, ou plu-

[1] MM. Aubry et Rau, t. II, § 294, note 6. Troplong, t. IV, n° 925. Grenier, t. II, n° 455. Paris, 28 juin 1847, Sirey, XLVII, 2, 409. *Contra:* Cassation, 3 avril 1815, Sirey XV, 1, 207, décidant qu'en cas d'échange, c'est au créancier qui veut surenchérir à faire lui-même l'évaluation.

[2] Troplong, t. IV, n° 925. Persil, *Régime hyp.*, art. 2184, n° 4. Grenier, t. II, p. 341. Delvincourt, t. III, p. 243, 244. Paris, 5 février 1814. Dalloz, *Hyp.*, p. 386. *Contra:* Duranton, t. XX, n°s 377 et 378. Cassation, 3 avril 1815, Sirey, XV, 1, 207, et 11 mai 1829. Dalloz, XXIX, 1, 174.

sieurs immeubles, les uns hypothéqués, les autres non hypothéqués, situés dans le même ou dans divers arrondissements de bureaux, aliénés pour un seul et même prix, ou pour des prix distincts et séparés, soumis ou non à la même exploitation, le prix de chaque immeuble frappé d'inscriptions particulières et séparées, sera déclaré, dans la notification du nouveau propriétaire, par ventilation, s'il y a lieu, du prix total exprimé dans le titre. »

La notification qui ne contient pas de prix, est évidemment nulle; mais elle ne l'est pas si le prix est énoncé d'une manière inexacte; seulement le tiers détenteur devra payer aux créanciers tout le prix indiqué, s'il est plus fort que celui stipulé au contrat, ou ce dernier, s'il est supérieur au prix notifié[1]. Le défaut de ventilation, lorsqu'elle est prescrite, est également une cause de nullité de la notification[2].

En principe cependant, l'omission ou l'inexactitude des formalités prescrites pour les notifications, n'emporte nullité qu'autant que les irrégularités toucheraient à la substance de l'acte, et pourraient exercer une influence préjudiciable aux intérêts des créanciers[3].

Un des points les plus essentiels de la notification, c'est l'offre qu'elle doit contenir de la part de l'acquéreur, d'acquitter sur-le-champ les dettes et charges hypothécaires jusqu'à concurrence du prix, sans distinction des dettes exigibles ou non exigibles. Cette disposition, dit M. Troplong, autorise le tiers détenteur à hâter le purgement de l'immeuble qu'il acquiert; elle lui facilite les moyens de se libérer le plus tôt possible et de se dégager d'obligations gênantes, et dont l'embarras nuisait à la transmission des propriétés; elle permet enfin de faire marcher les ordres avec plus de rapidité et accélère les liquidations[4].

---

[1] Delvincourt, t. III, p. 364. Dalloz, *Hyp.*, p. 372, n° 25. Troplong, t. IV, n° 924. *Contra :* Tarrible, v° Transcription, n° 4. Persil, *Rég. hyp.*, art. 2183, n° 8. Grenier, t. II, p. 309 et 310. Turin, 2 mars 1811. Dalloz, *Hyp.* p. 380.

[2] Troplong, t. IV, n° 974. Grenier, t. II, n° 456. Delvincourt, t. III, p. 371, n° 5, Lyon, 13 janvier 1836, Sirey, XXXVI, 2, 333; Douai, 18 mai 1836, Sirey, XXXVII, 2, 328; Cassation, 19 juin 1815. Dalloz, *Hyp.*, p. 377.

[3] Paris, 6 mai 1844, Sirey, XLIV, 2, 543. — [4] T. IV, n° 927.

Lorsque l'immeuble vendu est grevé d'hypothèques pour sûreté de rentes viagères, ces dernières, quoique déclarées non remboursables par l'art. 1979 du Code Napoléon, devront cependant être remboursées, tout comme les autres créances non exigibles[1].

D'où il suit que la notification contenant offre de payer aux termes portés par le contrat de vente, n'est pas valable, puisque le tiers détenteur, au lieu d'offrir un paiement immédiat, se réserve les termes à lui consentis par le vendeur[2]. Il n'est cependant pas exigé, à peine de nullité, que le nouveau possesseur offre expressément de payer sur-le-champ; il a été jugé, par différents arrêts, que la notification n'est pas nulle, lorsque l'acquéreur y déclare qu'il est prêt à acquitter, jusqu'à concurrence du prix, toutes les dettes, conformément à la loi, ou bien qu'il entend payer conformément à son contrat et suivant les obligations à lui prescrites par la loi sur les hypothèques[3].

La notification doit donc contenir l'offre de payer le prix. Mais qu'entendrons-nous par prix? « Le prix d'une vente, dit M. Merlin[4], est tout ce que le vendeur reçoit de l'acquéreur en échange de la chose qu'il lui vend; c'est toute la somme que, sous une dénomination ou sous une autre, l'acquéreur tire de sa poche pour la faire entrer dans celle du vendeur.» Or, l'acquéreur doit au vendeur: d'abord le prix principal de vente, et en second lieu les intérêts dont ce prix principal est productif; la notification devra donc contenir, outre l'offre du prix principal, celle des intérêts qui pourraient être dus par le tiers détenteur. Mais il peut arriver que l'acquéreur ne doive pas d'intérêts, par exemple s'il avait déjà payé le prix au vendeur, et que ce n'est que pour se mettre à l'abri des poursuites qu'il consent à payer une

[1] Troplong, t. IV, n° 927. *Contra:* Persil, sur l'art. 2184, n° 7. Dalloz, *Hyp.*, p. 373, n° 31.
[2] MM. Aubry et Rau, t. II, § 294, note 11. Delvincourt, t. III, p. 365, note 1. Bordeaux, 8 juillet 1814, Sirey, XV, 2, 6.
[3] Turin, 2 mars 1811, Sirey, XI, 2, 371. Cassation, 28 mai 1817, Sirey, XVIII, 1, 297. Caen, 17 juin 1823, Sirey, XXV, 2, 323. Duranton, t. XX, n° 385. Persil, *Rég. hyp.*, art. 2184, n° 2, et *Quest.*, t. II, p. 77. Troplong, t. IV, n° 928. *Contra:* Grenier, t. II, p. 308. — [4] *Répertoire*, v° Surenchère, p. 338.

7

seconde fois; dans ce cas, il ne devra offrir les intérêts qu'à partir de la notification faite, à sa requête, aux créanciers, ou, s'il a été lui-même sommé de payer, à partir de cette sommation [1].

Les notifications faites emportent, de la part du tiers détenteur qui les a faites, un engagement personnel, et l'empêchent de rétracter ses offres; en effet, en donnant aux créanciers un délai de quarante jours pour surenchérir, la loi suppose évidemment que l'acquéreur est lié pendant ce délai, passé lequel les créanciers ne peuvent plus refuser les offres proposées [2].

Nous arrivons maintenant au droit de surenchère, qui a pour but d'empêcher qu'une partie du prix ne soit frauduleusement dissimulée au préjudice des créanciers.

Après que le tiers détenteur a fait aux créanciers les notifications dont il vient d'être question, accompagnées des offres prescrites par l'art. 2184, tout créancier dont le titre est inscrit et qui trouve que les offres du tiers détenteur ne représentent pas la valeur réelle de l'immeuble, peut demander que cet immeuble soit vendu aux enchères dans les formes établies pour les expropriations forcées.

Dans le cas où le tiers détenteur a fait une mutilation, le créancier qui veut surenchérir, ne doit et ne peut faire porter sa surenchère que sur les immeubles qui lui sont spécialement affectés. Il n'est en aucun cas tenu d'étendre sa soumission à des immeubles situés dans un arrondissement autre que celui où la purge est poursuivie.

Pour avoir le droit de surenchérir, il faut nécessairement être inscrit en temps utile, c'est-à-dire dans la quinzaine de la transcription de la vente (C. N., art. 2185).

La réquisition de mise aux enchères devra être signifiée au nouveau propriétaire dans quarante jours au plus tard, à partir de la notification faite à la requête de ce dernier, en y ajoutant deux jours par cinq myria-

---

[1] Troplong, t. IV, n⁰ˢ 929 et 930. Amiens, 10 juillet 1824, Dalloz, XXV, 2, 11; Bordeaux, 26 juillet 1831, Sirey, XXXII, 2, 95, et 19 juin 1835, Sirey, XXXVI, 2, 28.

[2] MM. Aubry et Rau, t. II, § 294, note 13. *Contra:* Troplong, t. IV, n⁰ 931. Grenier, t. II, n⁰ 458. Persil, sur l'art. 2184, n⁰ 12.

mètres de distance entre le domicile élu et le domicile réel de chaque créancier requérant (Art. 2185, al. 2). Il n'y a pas lieu à une augmentation de délai à raison des fractions de cinq myriamètres de distance[1].

Le délai de quarante jours courra contre chaque créancier à partir de la date de la notification à lui faite; mais, ainsi que nous l'avons vu plus haut, le nouveau propriétaire n'est pas tenu de faire de notifications aux créanciers inscrits seulement dans la quinzaine de la transcription, et qui ont cependant le droit de surenchérir; dans ce cas, le délai de quarante jours courra contre ces créanciers à partir de la notification faite la dernière en date aux créanciers inscrits avant la transcription. S'il n'y avait pas de créanciers inscrits avant la transcription, le délai courrait à dater du jour où le certificat négatif aurait été délivré à l'acquéreur par le conservateur des hypothèques[2].

La réquisition doit être signifiée par un huissier, commis à cet effet par le président du tribunal de première instance de l'arrondissement où elle a lieu, c'est-à-dire par le président de l'arrondissement où l'acquéreur et le précédent propriétaire ont leur domicile; elle devra en outre, ainsi que les notifications faites par le tiers détenteur, contenir constitution d'avoué près le tribunal où la surenchère et l'ordre devront être portés (C. de pr., art. 832).

Bien que la surenchère ait été établie en faveur des créanciers, il a cependant été nécessaire de subordonner l'exercice de ce droit à certaines conditions. La revente aux enchères entraînant toujours des frais considérables, il eût été dangereux de permettre sans restriction aux créanciers de déposséder le tiers détenteur, surtout lorsque l'immeuble a été porté à sa juste valeur dans les notifications, ou que le créancier requérant la surenchère n'offre pas des garanties de solvabilité suffisantes.

Deux conditions ont été imposées au créancier demandant la mise aux enchères: 1° celle de faire soumission de porter ou faire porter le prix

[1] Delvincourt, t. III, p. 367. Persil, sur l'art. 2185, n° 10. Gênes, 29 août 1812, Sirey, XIV, 2, 272. *Contra:* Troplong, t. IV, n° 933. Bordeaux, 27 novembre 1829, Sirey, XXX, 2, 56. — [2] MM. Aubry et Rau, t. II, § 294, note 24. Grenier, t. II, n° 457. Persil, sur l'art. 2185, n°s 11 et 12.

à un dixième en sus de celui qui aura été stipulé dans le contrat ou déclaré par le nouveau propriétaire; 2° celle de fournir caution (C. N., art. 2185, 2° et 5").

C'est dans la réquisition de mise aux enchères que le créancier devra faire la surenchère du dixième. Cette surenchère devra porter, non-seulement sur le prix principal, mais encore sur les autres charges que l'acquéreur paie en l'acquit du vendeur, mais jamais sur les frais et loyaux coûts, qui sont de droit à la charge de l'acquéreur et ne peuvent être considérés comme faisant partie du prix[1].

L'intérêt du précédent propriétaire, débiteur principal, étant étroitement lié à celui du tiers détenteur, il est de toute nécessité que le débiteur principal soit informé de la procédure en surenchère, des suites de laquelle il est responsable envers le tiers détenteur, lorsque ce dernier se rend adjudicataire (art. 2191); aussi le troisième alinéa de l'art. 2185 porte-t-il que le créancier surenchérisseur est tenu de faire au précédent propriétaire, débiteur principal, dans le même délai de quarante jours, la même signification qu'au tiers détenteur. L'original et les copies de ces exploits doivent être signés par le créancier requérant ou par son fondé de procuration, lequel, en ce cas, est tenu de donner copie de la procuration. Enfin, le créancier requérant doit fournir caution jusqu'à concurrence du prix augmenté du montant de la surenchère[2]. La caution doit être offerte dans la réquisition de mise aux enchères et y être désignée nominativement, pour que le tiers détenteur puisse s'informer de sa solvabilité et la discuter lors de sa réception[3].

Si la caution est déclarée non recevable, la surenchère est nulle[4], et,

---

[1] Merlin, *Quest.*, v° Surenchère, § 3, n° 3. Troplong, t. IV, n° 936. Cassation, 15 mai 1811, Sirey, II, 1, 257; 2 novembre 1813, Sirey, XIV, 1, 11; 3 avril 1815, Sirey, XV, 1, 206; 26 février 1822, Sirey, XXII, 1, 305; Nancy, 18 mai 1827, Sirey, XXVII, 2, 232; Bordeaux, 14 décembre 1827, Sirey, XXVIII, 2, 100; Bourges, 1er août 1829, Sirey, XXX, 2, 202; Pau, 25 juin 1833, Sirey, XXXIII, 2, 643.

[2] Delvincourt, t. III, p. 369, note 11. Cassation, 10 mai 1820. Troplong, t. IV, n° 947.

[3] Merlin, *Rép.*, v° Surenchère, p. 336 et 337. Berriat, p. 653. Pigeau, t. II, p. 435. Carré, t. III, p. 167. — [4] Rouen, 23 mars 1820, Sirey, XX, 1, 199.

à moins que le délai ne soit expiré, il ne pourra être fait de nouvelle surenchère; mais il pourra être présenté une nouvelle caution lorsque celle offerte, d'abord solvable, est devenue insolvable après sa réception[1].

Jusqu'au jugement d'adjudication, le tiers détenteur reste propriétaire, et, par suite, l'immeuble demeure à ses risques et périls[2].

La réquisition de mise aux enchères constituant un engagement de la part du créancier poursuivant, ce dernier doit être capable de s'obliger pour pouvoir faire une surenchère valable[3].

Le tiers détenteur ne peut empêcher l'adjudication en offrant de payer la soumission du créancier, pas plus que le créancier surenchérisseur lui-même, si ce n'est du consentement exprès de tous les autres créanciers hypothécaires (art. 2190), ou bien en offrant de payer sans restriction toutes les créances inscrites en principal et intérêts[4].

A l'expiration du délai de quarante jours, deux hypothèses peuvent se présenter : ou bien il a été fait une surenchère, ou bien il n'en a pas été faite; dans le premier cas, l'immeuble est revendu aux enchères; dans le second cas, au contraire, tout est consommé et il ne reste plus au tiers détenteur, pour parvenir à l'affranchissement de l'immeuble, qu'à payer ou consigner son prix.

La première hypothèse est prévue par l'art. 2186 du Code Napoléon, qui s'exprime en ces termes : « A défaut par les créanciers d'avoir requis la mise aux enchères dans le délai et les formes prescrits, la valeur de l'immeuble demeure définitivement fixée au prix stipulé dans le contrat ou déclaré par le nouveau propriétaire, lequel est, en

---

[1] Paris, 19 mai 1809, Sirey, XII, 2, 194.

[2] MM. Aubry et Rau, t. II, § 294, note 43. Grenier, t. II, n° 465. Troplong, t. IV, n° 499. Cassation, 22 février 1828, Sirey, XXVIII, 1, 147; Bordeaux, 21 juillet 1830, Sirey, XXX, 2, 376.

[3] Cassation, 14 juin 1824, Dalloz, XXIV, 1, 233.

[4] Tarrible, *Transcription*, § 5, n° 11. Carré, t. III, p. 170, art. 832. Grenier, t. II, n° 371. Grenoble, 11 juin 1825, Sirey, XXVI, 2, 226; Paris, 18 février 1826, Sirey, XXVIII, 2, 21.

conséquence, libéré de tout privilége ou hypothèque, en payant ledit prix aux créanciers qui seront en ordre de recevoir ou en le consignant. » On voit par là que le paiement ou la consignation du prix par le tiers détenteur est la dernière formalité à remplir, pour arriver au purgement définitif de l'immeuble.

Le règlement du prix peut se faire à l'amiable et contradictoirement entre les créanciers venant en ordre utile, ceux venant en ordre inutile et le tiers détenteur ; les créanciers payés, ainsi que ceux qui ne le sont pas, donnent mainlevée de leurs inscriptions, en renonçant à leurs droits hypothécaires, et la purge se trouve terminée par la radiation des inscriptions.

Le paiement du prix peut également se faire en conséquence d'un ordre judiciaire, par lequel les créanciers, venant en ordre utile, sont colloqués à leur rang ; quant aux autres, le juge-commissaire, en faisant la clôture de l'ordre, ordonne la radiation des inscriptions de ceux des créanciers non utilement colloqués (C. de pr., art. 759).

Tout créancier et le tiers détenteur lui-même ont le droit de provoquer un ordre judiciaire pour parvenir au règlement et à la distribution du prix, pourvu qu'il y ait au moins quatre créanciers inscrits, sauf le cas d'aliénation par expropriation (C. de pr., art. 775).

L'ordre peut être provoqué après l'expiration des trente jours qui suivront les délais prescrits par les art. 2185 et 2194 du Code Napoléon, c'est-à-dire du délai de quarante jours à partir des notifications faites, à la requête du nouveau propriétaire, aux créanciers inscrits, et de celui de deux mois pendant lequel le contrat d'aliénation doit rester affiché au greffe du tribunal.

Comme la procédure d'ordre dure toujours assez longtemps, le tiers détenteur qui voudra faire cesser le cours des intérêts, et se mettre en dehors des discussions et contestations qui peuvent s'élever entre les créanciers, a la faculté de verser son prix à la caisse des dépôts et consignations, en signifiant ce dépôt aux créanciers[1].

[1] Grenier, t. II, n° 463. Troplong, t. IV, n° 958, 4°. MM. Aubry et Rau, t. II, § 294,

De ce que le tiers détenteur a la faculté de consigner le prix de son acquisition, il s'ensuit que l'immeuble se trouve affranchi indistinctement de tous priviléges et hypothèques, même à raison de créances conditionnelles ou de rentes viagères : dans ce cas, les créances conditionnelles sont colloquées à leur rang pour mémoire, et le montant de leur collocation est délivré aux créanciers postérieurs qui sont obligés de fournir des garanties suffisantes pour assurer le remboursement de la créance conditionnelle en cas de réalisation de la condition ; le crédit rentier est également colloqué à son rang pour le paiement de sa rente, et si le capital de ladite rente est délivré aux créanciers postérieurs, ces derniers seront obligés de donner des garanties jusqu'à concurrence des sommes qu'ils ont reçues ; si ces sommes sont inférieures au capital nécessaire pour desservir la rente, les créanciers entre les mains desquels elles sont versées, seront tenus de payer la rente en totalité jusqu'à l'entier épuisement des capitaux dont ils sont nantis. MM. Grenier[1] et Troplong[2] pensent, au contraire, que les créanciers postérieurs, qui toucheraient le prix, ne sont tenus d'acquitter annuellement la rente que dans la proportion de ce qu'ils auraient reçu ; le crédit rentier n'a droit qu'à des rentes, et ces rentes, disent-ils, doivent être proportionnées au capital. Mais on sait que la constitution de rente viagère est un contrat aléatoire où le crédit rentier n'a pas à s'occuper si le capital aliéné est suffisant ou non pour desservir la rente ; le débiteur de la rente ne peut jamais se dispenser de l'acquitter ; les créanciers postérieurs au crédit rentier n'ont donc qu'à s'imputer à eux d'avoir accepté une hypothèque dont la valeur était subordonnée à l'éventualité de la durée plus ou moins longue du service de la rente viagère.

Les capitaux, destinés au paiement des créances conditionnelles ou

note 39. Dalloz, *Jur. gén.*, v° Hypothèques, p. 174. Riom, 19 janvier 1820, Sirey, XXIV, 2, 324.

[1] T. I, n° 186.
[2] T. IV, n° 959.

des rentes viagères, peuvent aussi être laissés entre les mains du tiers détenteur; mais alors l'immeuble resterait grevé en raison desdits capitaux, et les hypothèques n'en seraient point purgées.

Revenons actuellement au cas où l'un des créanciers a fait la surenchère du dixième.

Cette surenchère entraîne l'adjudication de l'immeuble dans les formes établies pour les expropriations forcées, à la diligence, soit du créancier qui a fait la surenchère, soit de l'acquéreur, soit de tout autre créancier inscrit, lorsque ni le créancier surenchérisseur ni l'acquéreur n'auront donné suite à l'action dans le mois de la surenchère (C. N., art. 2187, et C. de pr., art. 833).

L'immeuble étant mis aux enchères sur la mise à prix composée du prix originaire, augmenté du montant de la surenchère, toute personne aura le droit d'enchérir et de se rendre adjudicataire; par suite, l'adjudication sera prononcée au profit, soit du tiers détenteur, soit de toute autre personne; si personne ne fait de mise, le créancier surenchérisseur est déclaré adjudicataire (C. de pr., art. 838).

Lorsque l'adjudication est prononcée au profit de l'un des créanciers ou de toute autre personne, le contrat passé entre le vendeur et le dernier propriétaire est entièrement résolu; le tiers détenteur dépossédé est déchargé vis-à-vis de son vendeur[1], et doit être tenu quitte et indemne de tous dépens[2]; l'adjudicataire est tenu au delà du prix de son acquisition de restituer à l'acquéreur ou au donataire dépossédé les frais et loyaux coûts de son contrat, ceux de la transcription sur les registres du conservateur, ceux de la notification et ceux faits par lui pour parvenir à la revente (C. N., art. 2188). Selon plusieurs auteurs, l'adjudicataire doit en outre rembourser à l'acquéreur les impenses et améliorations qui ont donné une plus-value à l'immeuble[3].

Lorsque l'acquéreur lui-même s'est rendu adjudicataire, il aura son

[1] Cassation, 12 novembre 1834, Dalloz, XXXV, 1, 23.

[2] Delvincourt, t. III, p. 378, note 8. MM. Aubry et Rau, t. II, § 294, 4°.

[3] Troplong, t. II, p. 236, et t. IV, p. 258. Grenier, t. II, n° 471. Carré, t. III, p. 185.

recours tel que de droit contre son vendeur pour le remboursement de ce qui excède le prix stipulé par son titre et pour l'intérêt de cet excédant, à compter du jour de chaque paiement (C. N., art. 2191). En cas de donation cependant, et en supposant qu'elle ait eu lieu à titre gratuit, le donataire n'aura de recours contre le donateur, pour les sommes qu'il a payées, qu'autant que les créances étaient dues par le donateur personnellement, ce dernier n'étant obligé à aucune garantie, en raison des dettes dont il n'était tenu qu'hypothécairement, mais il pourra exercer son recours contre le débiteur personnel desdites créances.

Lorsque l'acquéreur ou le donataire se rend dernier enchérisseur, le premier contrat subsiste, et comme celui-ci a été transcrit, il y aurait double emploi à faire de nouveau transcrire le jugement d'adjudication (art. 2189); la transcription devient également inutile pour un adjudicataire étranger, puisque, après l'adjudication, il suffit à l'adjudicataire de payer le prix d'adjudication pour terminer la purge.

SECTION II.

DU MODE DE PURGER LES HYPOTHÈQUES LÉGALES NON INSCRITES.

Nous avons vu plus haut qu'en cas d'aliénation d'immeubles grevés d'hypothèques, les créanciers avaient un délai de quinze jours, à partir de la transcription du contrat de vente, pour faire inscrire leurs hypothèques, et que, faute par eux de le faire, ils perdaient leurs droits, et l'immeuble passait franc et quitte au nouvel acquéreur.

Cette règle ne s'applique pas aux hypothèques légales dont l'existence est indépendante de toute inscription (C. N., art. 2135). La procédure pour parvenir à la purge des hypothèques inscrites est donc sans effet quant aux hypothèques légales non inscrites des femmes, des mineurs et des interdits, et il a fallu tracer une marche spéciale à suivre pour affranchir les immeubles de cette espèce d'hypothèques.

8

Les intérêts des femmes, des mineurs et interdits ont de tout temps été l'objet de la sollicitude toute spéciale du législateur ; c'est pourquoi la procédure que nous allons traiter a été entourée de toutes les précautions possibles, afin que les ayants droit soient à l'abri de toute perte.

Pour purger les immeubles des hypothèques légales non inscrites[1], l'acquéreur commencera par déposer copie dûment collationnée du contrat translatif de propriété au greffe du tribunal civil du lieu de la situation des biens, et il certifiera par acte, signifié tant à la femme ou au subrogé tuteur qu'au procureur impérial près le tribunal, le dépôt qu'il aura fait (C. N., art. 2194). La signification devra être faite par un huissier, mais il n'est pas nécessaire que ce soit un huissier commis à cet effet[2] ; elle devra être faite à la personne de la femme et non à celle du mari[3], au subrogé tuteur et non au tuteur, parce que dans ce cas la femme et le mineur ont un intérêt opposé à celui du mari ou du tuteur, et que c'est contre ces derniers que l'inscription devra être prise, s'il y a lieu.

Extrait du contrat de vente, contenant la date, les noms, prénoms, profession et domicile des contractants, la désignation de la nature et de la situation des biens, le prix et les autres charges de la vente, sera et restera affiché pendant deux mois dans l'auditoire du tribunal, pendant lequel temps, les femmes, les maris, tuteurs, subrogés tuteurs, mineurs, interdits, parents ou amis et le procureur impérial sont reçus à requérir, s'il y a lieu, et à faire faire au bureau du conservateur des hypothèques des inscriptions sur l'immeuble aliéné (C. N., art. 2194).

Lorsque soit la femme ou ceux qui la représentent, soit le subrogé tuteur, ne sont pas connus de l'acquéreur, il sera nécessaire et il

[1] Lorsque ces hypothèques sont inscrites, elles sont soumises aux règles contenues en la section précédente.

[2] Grenier, t. II, n° 438. Pigeau, t. II, p. 441, n° 3. Troplong, t. IV, n° 978. MM. Aubry et Rau, t. II, § 295, note 1.

[3] Paris, 25 février 1819, Sirey, XIX, 2, 273.

suffira, pour remplacer la signification qui doit leur être faite, en premier lieu, que, dans la signification à faire au procureur impérial, l'acquéreur déclare que ceux du chef desquels il pourrait être formé des inscriptions pour raison d'hypothèques légales existantes indépendamment de l'inscription n'étant pas connus, il fera publier la susdite signification dans les formes prescrites par l'art. 696 du Code de procédure civile, ou que, s'il n'y avait pas de journal dans le département, l'acquéreur se fasse délivrer par le procureur impérial un certificat portant qu'il n'en existe pas [1].

Dans ce cas, le délai de deux mois fixé par l'art. 2194 ne court que du jour de la publication dans les journaux, ou du jour de la délivrance du certificat par le procureur impérial, portant qu'il n'existe pas de journal dans le département [2].

S'il est pris des inscriptions du chef des femmes, mineurs ou interdits, elles prennent rang comme si elles avaient été inscrites le jour du contrat de mariage ou le jour de l'entrée en gestion du tuteur.

Mais dans quel délai les créanciers ayant hypothèque légale doivent-ils surenchérir? L'art. 775 du Code de procédure décide que l'ordre peut être provoqué trente jours après l'expiration des délais accordés par les articles 2185 et 2194 du Code Napoléon; de plus, outre celui de deux mois, aucun autre délai n'est accordé aux femmes pour surenchérir; nous devons en conclure que la surenchère devra être faite dans le même délai de deux mois fixé pour prendre inscription, sans qu'il y ait lieu de faire de notification spéciale [3].

Si dans le cours des deux mois il n'a pas été fait d'inscription du chef des femmes, mineurs ou interdits sur les immeubles vendus, ils passent à l'acquéreur, sans aucune charge à raison des reprises et

[1] Avis du Conseil d'État du 9 mai 1807.

[2] *Ibid.*

[3] Tarrible, *Transcription*, p. 116, col. 2. Merlin, *Rép.*, v° Transcription, § 5, n° 4. Grenier, t. II, n° 457. Troplong, t. IV, n° 982. Grenoble, 27 décembre 1821, Sirey, XXII, 2, 364. *Contra* : Caen, 12 avril 1826, Sirey, XXVII, 2, 107. Orléans, 17 juillet 1829, Sirey, XXIX, 2, 217.

conventions matrimoniales de la femme ou de la gestion du tuteur, et sauf le recours, s'il y a lieu, contre le mari et le tuteur (C. N., art. 2195, 1°).

Si, au contraire, il a été pris des inscriptions, il peut arriver deux cas : les hypothèques légales sont primées par des inscriptions antérieures au mariage ou à l'acceptation de la tutelle, ou elles sont les premières en rang. Dans le premier cas, lorsque la totalité du prix se trouve absorbée par des créances antérieures, l'acquéreur est libéré du prix par lui payé aux créanciers antérieurs, et les inscriptions des femmes, mineurs ou interdits sont rayées purement et simplement ; si les créanciers antérieurs n'absorbent le prix que pour partie, l'acquéreur n'est libéré que jusqu'à concurrence des sommes payées aux créanciers antérieurs, et il doit compte du surplus à la femme ou au mineur. Lorsque les inscriptions du chef des femmes, mineurs ou interdits, sont les plus anciennes, l'acquéreur ne peut faire aucun paiement au préjudice desdites inscriptions (art. 2195). Dans ces cas, l'acquéreur qui veut se libérer peut faire ordonner le versement des fonds, revenant aux créanciers ayant hypothèque légale, entre les mains des créanciers postérieurs, à charge par ceux-ci d'en garantir le remboursement, ou consigner [1].

A défaut par les femmes, mineurs ou interdits d'avoir pris inscription dans les délais ci-dessus déterminés, leur droit de suite sur l'immeuble s'éteint, mais ils conservent le droit de préférence sur le prix, tant qu'il n'a pas été distribué ou que l'ordre n'a pas été clos; ceci semble résulter clairement de la combinaison des art. 2135 et 2194 du Code Napoléon. Cependant les auteurs et la jurisprudence sont partagés sur cette grave question [2].

[1] Grenier, t. 1, n° 271. Troplong, t. IV, n° 993. Dalloz, *Jurisp. gén.*, v° Hyp., p. 398, n° 14, et p. 373, n° 35. Cassation, 16 juillet 1832, Sirey, XXXII, 1, 833. *Contra :* Tarrible, *Rép.*, v° Transcription, § 7, n° 7.

[2] Pour le maintien du droit de préférence : Troplong, t. IV, n° 983 à 990. MM. Aubry et Rau, t. II, § 295 *in fine* et note 10. Grenier, t. 1, n° 226. Persil, sur l'art. 2195, n° 3. Delvincourt, t. III, p. 376. Coulon, *Quest. de Droit*, t. II, p. 39. Douai, 14 avril 1820,

L'expropriation forcée purge par elle-même les priviléges et hypothèques inscrits et non inscrits; la question de savoir si elle purge
également l'hypothèque légale non inscrite des femmes et des mineurs
a, de tout temps, divisé la jurisprudence et les auteurs; cependant
aujourd'hui la jurisprudence se prononce le plus souvent en faveur de
la femme ou du mineur, en décidant que l'expropriation forcée ne
purge point par elle-même l'hypothèque légale de la femme et du mineur, et qu'il faut, lorsque cette hypothèque n'est pas inscrite, remplir
les formalités prescrites par l'art. 2194[1].

La position des créanciers à hypothèque légale est quelquefois moins
avantageuse lorsque l'hypothèque légale est inscrite que lorsqu'elle ne
l'est pas: c'est ce qui arrive quand elle est inscrite dans la quinzaine de
la transcription de la vente; d'abord les créanciers ne recevront pas de

---

Sirey, XXV, 2, 35. Rouen, 20 août 1823, Sirey, XXV, 2, 36. Toulouse, 6 décembre 1824,
Dalloz, *Hyp.*, p. 393. Montpellier, 19 mai 1824 et 15 avril 1826, Dalloz, XXVIII, 2, 117.
Besançon, 17 mars 1827, Sirey, XXVII, 2, 260. Montpellier, 21 août 1828, Dalloz, XXIX,
2, 143. Nimes, 12 février 1833, Sirey, XXXIV, 2, 176. Angers, 3 avril 1835, Sirey,
XXXV, 2, 226. Orléans, 2 mars 1836, Sirey, XXXVI, 2, 412. Paris, 3 décembre 1836,
Sirey, XXXVII, 2, 273. Bordeaux, 17 août 1837, *Journal des arrêts*, XXXVII, p. 525.
Montpellier, 2 juillet 1840, Sirey, XL, 2, 305. Paris, 24 août 1840, Sirey, XLI, 1, 336.
Nimes, 3 août et 17 novembre 1847, Sirey, XLVIII, 2, 26 et 27. *Contra:* Duranton, nos 358
et 421 *bis.* Grenier, t. II, n° 490. Grenoble, 8 juillet 1822, Sirey, XXV, 2, 36. Cassation,
8 mai 1827, Sirey, XXVII, 1, 302. Caen, 15 janvier 1829, Sirey, XXIX, 2, 234. Cassation, 15 décembre 1829, Sirey, XXX, 1, 62. Bordeaux, 28 mai 1830, Sirey, XXX,
2, 246. Cassation, 26 mars 1830, Sirey, XXXIII, 1, 273. Cassation, 1er août 1837, Sirey,
XXXVII, 1, 662. Id., 5 mai 1840, Sirey, XL, 1, 523. Id., 6 janvier 1841, Sirey, XLI,
1, 336. Id., 3 février 1847, Sirey, XLVII, 1, 212.

[1] L'expropriation purge: Grenier, t. II, n° 490. Persil, art. 2146, n° 19, et *Quest.*,
t. I, p. 341, et t. II, p. 60. Zachariæ, t. II, § 267, note 7. Carré, *Q.*, 2479. Troplong,
t. IV, n° 996 et suiv. Cassation, 21 novembre 1821, Sirey, XXII, 1, 214. Dijon, 28 mai
1823, joint à Cass., 30 août 1825 (même aff.), Sirey, XXVI, 1, 65. Caen, 22 mars 1825,
Sirey, XXVI, 2, 101. Cassation, 11 août 1829, Sirey, XXIX, 1, 342. — L'expropriation
ne purge pas: Delvincourt, t. III, p. 177. Duranton, n° 358. Chauveau sur Carré, *Q.*,
2403. Cassation, 22 juin 1833, Sirey, XXXIII, 1, 449. Id., 27 août 1833, Sirey, XXXIII,
1, 742. Id., 30 juillet 1834, Sirey, XXXIV, 1, 625. Id., 26 mai 1836, Sirey, XXXVI, 1,
775. Id., 18 décembre 1839, Sirey, XL, 1, 137. Id., 27 mars 1844, Sirey, XLV, 1, 20.

notification, puisque leur inscription est postérieure à la transcription, et, en second lieu, ils n'auront, pour surenchérir, que le délai ordinaire de quarante jours qui courent à partir de la notification, la dernière en date, faite aux créanciers inscrits avant la transcription; il est donc préférable pour la femme, le mineur et l'interdit, d'attendre, pour prendre inscription, qu'ils soient mis en demeure par la procédure spéciale organisée à cet effet et développée en la présente section.

APPENDICE.

DE LA PUBLICITÉ DES REGISTRES ET DE LA RESPONSABILITÉ DES CONSERVATEURS.

La publicité des hypothèques, consacrée par la législation actuelle, est un des éléments les plus essentiels du système hypothécaire.

Cette publicité est réalisée d'abord par l'inscription sur des registres spéciaux, tenus à cet effet par des officiers publics, et ensuite par la faculté accordée à toute personne de consulter ces registres.

Il existe dans chaque arrondissement un bureau de la conservation des hypothèques, administré par un conservateur chargé de faire les inscriptions et transcriptions, de donner connaissance aux particuliers des actes transcrits sur ses registres et de veiller à la conservation de ces derniers.

Les registres de la conservation des hypothèques sont en papier timbré, côtés et paraphés à chaque page, par première et dernière, par l'un des juges du tribunal dans le ressort duquel le bureau est établi. Un registre spécial est destiné à la transcription des actes de mutation, un autre à l'inscription des bordereaux hypothécaires et des inscriptions d'office. Outre ces deux registres, il doit en être tenu un pour la transcription des saisies immobilières; un autre pour celle des sommations faites aux créanciers d'assister à la lecture du cahier des charges, des jugements d'adjudication et de conversion et des radiations des saisies, celui dont parle l'art. 2200; enfin, un registre des salaires qui est plutôt relatif à la comptabilité des conservateurs.

Au fur et à mesure que les bordereaux sont présentés, ils doivent être inscrits sans retard sur les registres dans l'ordre où ils sont présentés; mais, pour prévenir la confusion qui pourrait résulter de l'apport simultané d'un grand nombre d'actes, l'art. 2200 du C. N. oblige les conservateurs à tenir un registre de dépôts, sur lequel doivent être inscrits, jour par jour et par ordre numérique, les remises qui leur sont faites d'actes de mutation pour être transcrits, ou de bordereaux pour être inscrits.

Les transcriptions et inscriptions peuvent être faites sur-le-champ; mention de la transcription est faite sur la grosse ou l'expédition du titre et celle de l'inscription des priviléges et hypothèques sur l'un des bordereaux présentés, l'autre restant déposé; lorsque les transcriptions et inscriptions ne sont pas opérées immédiatement, le conservateur est tenu de donner au requérant une reconnaissance sur papier timbré, rappelant le numéro du registre sur lequel la remise a été inscrite et la nature des pièces déposées.

Les conservateurs ne sont pas juges de la régularité des pièces qui leur sont présentées; il faut qu'ils les inscrivent telles qu'elles sortent des mains des parties requérantes.

Les bureaux de la conservation des hypothèques doivent être fermés les jours de fêtes légales, et aucune inscription ne doit être prise à la date desdits jours; un arrêt de la Cour de cassation du 18 février 1808 a cependant décidé que la transcription d'un acte translatif de propriété immobilière n'était pas nulle quoique faite un jour férié; selon M. Persil[1], les inscriptions hypothécaires faites un dimanche ou jour de fête légale ne sont pas valables.

Lorsque le conservateur refuse, ou est en retard de faire les actes de son ministère, il est passible de dommages et intérêts envers les parties; les refus et retards sont constatés par des procès-verbaux dressés sur-le-champ, à la diligence des requérants, soit par un juge de paix,

---

[1] *Rég. hyp.*, art. 2199, n° 2.

soit par un huissier, audiencier ou non, ou un notaire assisté de deux témoins (C. N., art. 2199).

Les registres sont arrêtés chaque jour ; la mention que le registre est arrêté doit être signé par le conservateur[1] ; tous les registres doivent être journellement soumis à cette formalité. « La loi, dit une instruction de la régie[2], en prescrivant l'arrêté journalier de *tous les registres* des formalités hypothécaires indistinctement, a eu en vue de prévenir tout abus, toute irrégularité. Elle a également voulu multiplier pour le public les moyens de conserver le rang et le privilége des hypothèques ; toutes les formalités qu'elle a prescrites sont donc de rigueur, et les conservateurs ne peuvent s'en écarter, sous quelque prétexte que ce soit. »

Pour connaître la situation hypothécaire d'une personne, il suffit de requérir du conservateur la délivrance de l'état des inscriptions existantes contre cette personne[3]. L'état des inscriptions, délivré sur papier timbré, renferme toutes les inscriptions prises contre la personne indiquée, soit d'office par le conservateur, soit sur la réquisition des créanciers.

Les conservateurs sont responsables : 1° de l'omission sur les registres d'actes de mutations et d'inscriptions requises en leur bureau ; 2° du défaut de mention, dans les certificats par eux délivrés, d'une ou de plusieurs des inscriptions existantes, à moins, dans ce dernier cas, que l'erreur ne provienne de désignations insuffisantes qui ne pourraient leur être imputées (C. N., art. 2197).

Lorsque le conservateur omet de faire une transcription ou une inscription hypothécaire, ou qu'en les faisant, il commet une erreur, il peut en résulter un grave préjudice pour les parties intéressées ; il est

---

[1] Bruxelles, 17 juillet 1833. Palais, 1835, t. I, p. 205.

[2] *Inst.*, n° 316.

[3] L'état des inscriptions diffère essentiellement du certificat de transcription ; le premier relate les inscriptions hypothécaires, le second les transcriptions d'actes de mutations ; le conservateur auquel on demande un état des inscriptions n'est donc pas tenu, sous peine de responsabilité, de délivrer en même temps un extrait des registres des transcriptions. Cassation, 18 mars 1835. Sirey, XXXV, 1, 862.

donc juste, dans un intérêt général, que le conservateur soit responsable des pertes et dommages provenant de son fait. Quant aux certificats ou états hypothécaires, si une ou plusieurs inscriptions existantes
y sont omises, les suites peuvent en être également désastreuses; en
effet, d'après l'art. 2198, l'immeuble à l'égard duquel le conservateur a
omis, dans les certificats par lui délivrés, une ou plusieurs inscriptions,
en demeure, sauf la responsabilité du conservateur, affranchi entre les
mains du nouveau propriétaire, pourvu toutefois que le certificat ait
été requis depuis la transcription de son titre.

M. Tarrible[1] justifie cette disposition en ces termes : « Il est permis
de présumer que le législateur a voulu balancer l'intérêt du créancier dont l'inscription a été omise avec celui de l'acquéreur; qu'il
a considéré que cette omission ne devait nuire au créancier qu'autant
que l'acquéreur voudrait user de la faculté de purger toutes les hypothèques; et que, la volonté de l'acquéreur sur ce point ne pouvant se
manifester que par la transcription, il ne fallait lui accorder le bénéfice de l'affranchissement d'une inscription omise qu'autant qu'il aurait transcrit son contrat avant de requérir le certificat ou l'état des
inscriptions. »

Dans les cas ci-dessus, le créancier omis conserve néanmoins le droit
de se faire colloquer suivant l'ordre qui lui appartient, tant que le prix
n'a pas été payé par l'acquéreur, ou que l'ordre fait entre les créanciers
n'a pas été homologué.

Les conservateurs deviennent responsables de tout préjudice causé
aux parties par leur fait, à moins, dit l'art. 2197, que l'erreur ne provienne de désignations insuffisantes qui ne pourraient leur être imputées; dans aucun cas les conservateurs ne sont tenus de dédomma-
ger les parties au delà du dommage souffert, et ils sont même complétement déchargés du paiement de tous dommages-intérêts, lorsque
la perte serait également arrivée par un fait qui leur est étranger, et

---

[1] *Transcription*, p. 137.

même s'ils n'avaient pas été en faute[1]. Voici d'ailleurs comment M. Grenier s'exprime relativement à la responsabilité des conservateurs[2] : « Les devoirs qui leur sont imposés, sont très-pénibles, et les suites en seraient funestes pour eux, si on n'apportait un juste tempérament dans l'application des lois et des règlements qui les concernent. On doit d'autant plus être animé de cet esprit, que la responsabilité est une espèce de peine qui, de sa nature, mérite plutôt d'être adoucie que d'être aggravée. Ainsi, les conservateurs ne doivent subir une condamnation en garantie qu'autant que l'omission ou la négligence qu'on leur impute est une contravention positive à ce qui leur est prescrit, et qu'il en résulte une déchéance irréparable contre un créancier ou un acquéreur. »

Lorsque, par le fait du conservateur, une inscription ou transcription contient des erreurs ou irrégularités, le conservateur est autorisé à en opérer lui-même la rectification, en portant sur les registres, mais seulement à la date courante, une nouvelle inscription ou une seconde transcription régulière, en marge de laquelle il relatera la première inscription qu'elle a pour but de rectifier; les états délivrés postérieurement à la rectification, devront contenir l'inscription ou la transcription primitive et celle qui l'a rectifiée[3].

Un conservateur ne peut délivrer lui-même l'état des inscriptions qui le grèvent personnellement, ou inscrire des actes ou bordereaux contre lui-même[4]; le conservateur doit alors se faire suppléer par le vérificateur ou l'inspecteur de l'enregistrement dans le département ou par le plus ancien surnuméraire du bureau[5]. Un certificat négatif, délivré

---

[1] Cassation, 4 avril 1810. Dalloz, *Hyp.*, p. 454 et 455. Angers, 16 août 1826, Sirey, XXVI, 2, 322. Cassation, 22 avril 1808. Dalloz, *Hyp.*, p. 458.

[2] T. II, n° 53.

[3] Avis du Conseil d'État du 11 décembre 1810.

[4] Persil, *Rég. hyp.*, art. 2196, n° 5, et *Quest.*, t. II, p. 152. Troplong, t. IV, n° 999. Grenier, t. II, n° 535, Duranton, t. XX, p. 431.

[5] Art. 12 de la loi du 21 ventôse an VII. Paris, 22 janvier 1810, Dalloz, *Hyp.*, p. 456, n° 4, et p. 453, n° 2. Un arrêt de la Cour de Paris, du 13 novembre 1811, a cependant

par le conservateur sur lui-même, ne purge point les hypothèques existantes.

Indépendamment du recours auquel les conservateurs sont soumis envers les parties intéressées, l'art. 2202 leur prescrit de se conformer aux dispositions contenues aux art. 2196 à 2203, à peine d'une amende de 200 à 1000 fr. pour la première contravention et de destitution pour la seconde. Une amende de 1000 à 2000 fr. est prononcée contre eux par l'art. 2203 en raison des blancs ou interlignes qu'ils laisseraient ou feraient sur les registres, sans préjudice aux dommages-intérêts des parties qui doivent toujours être acquittés par préférence à l'amende.

Lorsque les conservateurs sont poursuivis en paiement de dommages-intérêts, ils doivent être actionnés dans la même forme que les simples particuliers; mais, lorsqu'il s'agit de la conservation du droit des tiers, ou de l'exécution des formalités hypothécaires, ils sont admis à procéder comme préposés de l'administration, et ne sont tenus que de remettre au tribunal et de signifier à la partie un mémoire expositif des motifs de leur refus ou du sujet de la contestation, pour être statué par le tribunal, sur les conclusions du ministère public[1].

Les conservateurs ont leur domicile légal au bureau où ils remplissent leurs fonctions pour les actions auxquelles leur responsabilité peut donner lieu, et ce domicile de droit subsiste même après qu'ils sont sortis de place, en raison des actions dirigées contre eux ou leurs héritiers[2]; ils doivent donc nécessairement être traduits devant le tribunal du lieu de leur résidence.

Pour assurer une efficacité aux recours des particuliers et de l'État, en raison des dommages-intérêts et des amendes, contre les conservateurs, ces derniers sont obligés de fournir un cautionnement en immeubles[3].

---

décidé qu'une inscription faite sur un conservateur n'est pas nulle, parce qu'elle a été portée sur les registres par le conservateur lui-même. Battur, t. II, n° 733.

[1] Décision du ministre des finances et du ministre de la justice, du 2 décembre 1807. Sirey, VIII, 2, 188, et X, 2, 331. Grenier, t. II, n° 536. Troplong, t. IV, n° 1003.

[2] Art. 9 de la loi du 21 ventôse an VII.

[3] Art. 5 et 6 de la même loi.

La responsabilité des conservateurs existe pendant toute la durée de leurs fonctions et dix ans après, passé lequel délai, ils ne sont plus responsables, et les biens composant le cautionnement sont affranchis de plein droit de toutes actions en recours qui n'auraient pas été intentées dans cet intervalle[1].

[1] Art. 8 de la même loi. Bruxelles, 11 juin 1812. Dalloz, *Hyp.*, p. 461, 462. Cassation, 22 juillet 1816, Sirey, XVI, 1, 297. Persil, *Rég. hyp.*, art. 2197, n° 12.

DROIT COMMERCIAL.

—◆◆◆—

Des Protêts.

(Code de Commerce , art. 173-176.)

———

Le protêt est un acte authentique par lequel le porteur d'une lettre de change ou d'un billet à ordre fait constater le refus d'acceptation par le tiré, ou le défaut de paiement lors de l'échéance.

Lorsqu'une lettre de change est présentée au tiré à fin d'acceptation, ce dernier peut l'accepter immédiatement, ou, au plus tard, dans les vingt-quatre heures de la présentation (C. de com., art. 125). En cas de refus de la part du tiré, le porteur a le droit d'exercer son recours solidaire contre le tireur et les endosseurs, qui sont respectivement tenus de fournir caution pour le paiement de la lettre à l'échéance ou d'en effectuer de suite le remboursement, avec les frais de protêt et de rechange (C. de com., art. 118 et 120) ; mais, pour que le recours puisse être exercé, le refus d'acceptation doit être constaté par un acte spécial nommé protêt, dont nous déterminerons les formes plus loin.

La lettre de change qui n'est acceptée ou payée que pour partie de de la somme qu'elle énonce, doit être protestée pour le surplus (C. de com., art. 124).

Aucun délai n'est prescrit au porteur pour demander l'acceptation d'une lettre de change à jour fixe et déterminé; quant aux lettres à vue ou à certain délai de vue, la date de l'acceptation seule détermine le jour du paiement, à moins que l'acceptation ne soit point datée, auquel cas le délai de vue court de la date de la lettre; pour ne point prolonger indéfiniment la garantie des tireurs et endosseurs de pareilles lettres, la loi a imposé au porteur l'obligation de présenter la lettre à l'acceptation dans un certain délai, à partir de sa date, sous peine de déchéance du recours contre les endosseurs et même contre le tireur, si celui-ci a fait provision. Ce délai est calculé sur la distance des lieux et la difficulté des communications. Aux termes de l'art. 160 du Code de commerce, le porteur d'une lettre de change tirée du continent et des îles de l'Europe, payable dans les possessions européennes de la France, ou de la France et des possessions et établissements français, payable dans les pays étrangers, soit à vue, soit à un ou plusieurs jours, mois ou usances de vue, doit en exiger le paiement ou l'acceptation dans les six mois de sa date. Le délai est de huit mois pour la lettre de change tirée des échelles du Levant et des côtes septentrionales de l'Afrique sur les possessions européennes de la France, et réciproquement, du continent et des îles de l'Europe sur les établissements français aux échelles du Levant et aux côtes septentrionales de l'Afrique. Le délai est d'un an pour les lettres de change tirées des côtes occidentales de l'Afrique, jusques et compris le cap de Bonne-Espérance. Il est aussi d'un an, pour les lettres de change tirées du continent et des îles des Indes occidentales sur les possessions européennes de la France, et réciproquement, du continent et des îles de l'Europe sur les possessions françaises ou établissements français aux côtes occidentales de l'Afrique, au continent et aux îles des Indes occidentales. Le délai est de deux ans pour les lettres de change tirées du continent et des îles des Indes orientales sur les possessions européennes de la France, et réciproquement, du continent et des îles de l'Europe sur les possessions françaises ou établissements français au continent et aux îles des Indes orientales. Les délais ci-dessus de huit mois, d'un an et de deux ans, sont doublés en temps de guerre maritime.

Le paiement d'une lettre de change, qu'elle soit acceptée ou non, doit être demandé le jour de l'échéance (C. de com., art. 161). Si le paiement en est refusé, le porteur, pour assurer son recours, doit la faire protester le lendemain de l'échéance (art. 162); si ce jour est un jour férié légal, le protêt est fait le jour suivant; le protêt fait le jour de l'échéance est nul[1]. Dans le cas de faillite de l'accepteur avant l'échéance, le porteur peut faire protester de suite et recourir contre ses garants à l'effet d'en obtenir caution pour le paiement à l'échéance, sans qu'il soit nécessaire que la faillite soit déclarée ouverte par un jugement, et pourvu que l'état de faillite soit notoire par la cessation de paiement[2].

Le porteur n'est dispensé du protêt faute de paiement, ni par le protêt faute d'acceptation, ni par la mort ou faillite de celui sur qui la lettre de change est tirée.

Lorsque le paiement d'une lettre de change est demandé en vertu d'une ordonnance du juge, soit que l'original de la lettre acceptée ayant été égaré, le porteur en représente une seconde ou troisième, soit qu'aucune lettre n'étant présentée, le porteur ait justifié de ses droits par ses livres, et que le paiement en est refusé, le propriétaire de la lettre est également tenu de faire constater le refus de paiement par un acte appelé non point protêt, mais acte de protestation, et ce dans les mêmes délais que le protêt même.

Le porteur d'une lettre de change, en vertu d'un endossement pos-

---

[1] Florence, 18 décembre 1811. C. N., 3, 2, 595. Agen, 2 avril 1824, Sirey, XXIV, 2, 363. Bordeaux, 10 décembre 1832, Sirey, XXXIII, 2, 488. Pardessus, t. 2, n° 420. Locré, sur l'art. 162, p. 506. Vincent, ch. VI. Nouguier, *Lettre de change*, t. I, p. 367.

[2] Bordeaux, 10 décembre 1832, v° note 1.

térieur à l'échéance, n'est point tenu, pour pouvoir recourir contre son cédant immédiat seulement, de faire protester en cas de non paiement par le débiteur[1].

On peut, par des conventions particulières, déroger aux dispositions du Code de commerce, relativement à l'obligation de faire protêt[2]. Ainsi, l'aval de garantie sans frais, donné par un endosseur après l'échéance, vaut dispense de protêt à son égard[3].

La clause de retour sans frais, apposée sur une lettre de change par le tireur, dispense le porteur de l'obligation du protêt à l'égard de ce dernier et de tous les endosseurs[4]. Celle mise par un endosseur, vaut bien dispense de protêt à l'égard de cet endosseur et de ceux qui le suivent, mais non à l'égard du tireur et des endosseurs précédents[5]. Le porteur, qui ne fait point protester, perd donc son recours contre le tireur et les endosseurs qui précèdent l'endossement avec retour sans frais, mais il le gardera contre l'endosseur qui a mis cette clause et les subséquents, sans que ceux-ci puissent prétendre que le défaut de protêt les a mis dans l'impossibilité de recourir contre les endosseurs précédents et le tireur[6].

Le porteur ne peut se dispenser de faire le protêt dans le délai voulu, sous prétexte que la lettre de change est sur papier libre, et nécessite par suite le paiement d'une amende, dont il ne peut être tenu de faire l'avance. Nonobstant cette circonstance, le défaut de protêt lui ferait

---

[1] Pardessus, t. II, nos 351 et 352. Persil, *Lettre de change sur l'art.* 136. C. de com., no 6. Horson, *Quest. sur le Code de com.*, t. II, quest. 87 et suiv. Devilleneuve et Massé, *Dict. du cont. com.*, vo Endossement, no 8.

[2] Angers, 15 juin 1831, Sirey, XXXI, 2, 290.

[3] Trib. de com. de Troyes, 5 octobre 1846, joint à Cassation, 31 juillet 1850, Sirey, L, 1, 796.

[4] Cassation, 8 avril 1834, Sirey, XXXIV, 1, 225. Besançon, 31 mai 1838, Sirey, XXXIX, 2, 492.

[5] Cassation, 20 décembre 1831, Sirey, XXXII, 1, 46. Agen, 9 janvier 1838, Sirey, XXXVIII, 2, 371.

[6] Cassation, 23 décembre 1835, Sirey, XXXVI, 1, 138.

perdre tout recours, même contre le tireur, si celui-ci avait fait provision[1].

Le protêt devient inutile, et par suite le porteur est dispensé de le faire, lorsqu'à défaut d'acceptation il a obtenu contre le tireur et les endosseurs un jugement passé en force de chose jugée, qui les condamne à opérer de suite le remboursement de la lettre de change[2].

En général, la déchéance résultant du défaut de protêt dans le délai voulu, n'est levée qu'en cas d'empêchement de force majeure, pourvu que le protêt ait été fait dès que l'empêchement a cessé[3]. Un arrêt de la Cour de cassation, du 28 mars 1810[4], s'exprime en ces termes sur cette question : « Attendu que le Code de commerce n'a rien statué sur les cas où des événements de force majeure auraient empêché la présentation et, par suite, le protêt des lettres de change à leur échéance, le jugement de cette exception est abandonné aux lumières et à la conscience des juges, qui doivent la rejeter ou l'admettre, d'après les règles de la justice et de l'équité, applicables aux circonstances que présente l'affaire. »

Des formes du protêt.

Les protêts étant des actes authentiques, doivent être faits par des officiers publics; aux termes de l'art. 173 du Code de commerce, ce sont les notaires et les huissiers qui ont qualité pour faire ces actes; ils étaient faits par deux notaires, par un notaire et deux témoins, ou par un huissier et deux témoins : Mais un décret du gouvernement provisoire, du 23 mars 1848, a modifié le Code, en disposant que les protêts seraient désormais dressés sans assistance de témoins.

[1] Cassation, 2 juillet 1828, Sirey, XXIX, 1, 112.
[2] Cassation, 15 juin 1842, Sirey, XLII, 1, 629.
[3] Merlin, *Quest.*, v° Protêt, §§ 7 et 8. Favard, v° Lettre de change, sect. 4, § 2, n° 2. Pardessus, t. II, n° 426.
[4] Sirey, X, 1, 236.

Lorsqu'une lettre de change est payable en pays étranger, le protèt doit être fait dans les formes prescrites par la loi du lieu où elle est payable[1].

Le protèt est fait à la requête du porteur, quand même l'endossement serait irrégulier; mais le simple détenteur de la lettre de change ne peut faire protester qu'à la requête de celui que le dernier endossement constitue porteur[2].

Pour savoir à quel endroit le protèt doit être fait, il faut distinguer entre le cas où la lettre de change est acceptée par le tiré et celui où elle ne l'est pas. Si la lettre de change n'est pas accepté, le protèt est fait au domicile du tiré lors du protèt; si, au contraire, elle est acceptée, le protèt est fait au domicile du tiré lors de l'acceptation; et, si la lettre n'est pas payable au domicile du tiré, elle doit être protestée au lieu indiqué pour le paiement par le tireur, ou à celui indiqué par le tiré lui-même dans l'acceptation. Le protèt doit, en outre, être fait: 1° au domicile des personnes indiquées pour payer au besoin; 2° au domicile de l'accepteur par intervention (C. de com., art. 173).

En cas de fausse indication de domicile, l'officier public chargé de protester, est tenu de faire les recherches nécessaires pour découvrir le véritable domicile, et de constater ses recherches par un acte de perquisition, qui doit précéder le protèt; cet acte de perquisition ne dispense jamais le porteur de faire le protèt[3].

Le protèt contient: la transcription littérale du titre, de l'acceptation, des endossements et des recommandations qui y sont indiquées; la sommation d'accepter ou de payer le montant de la lettre de change; il énonce en outre: la présence ou l'absence de celui qui doit payer,

---

[1] Cassation, 5 juillet 1843, Sirey, XLIV, 1, 49. Massé, *Droit com.*, t. II, n°s 143, 144.
[2] Pardessus, t. II, n°s 412, 418.
[3] Pardessus, t. II, n° 423. Persil, *Lettre de change*, art. 175, n° 3. Nouguier, t. I, p. 431, n° 4. Trib. de com. de Rouen, 19 novembre 1810, Sirey, XII, 2, 97. Nancy, 29 janvier 1831, Sirey, XXXI, 2, 270.

les motifs du refus de payer ou d'accepter, la mention que le tiré a signé ou bien l'impuissance ou le refus de signer (Code de com., art. 174).

Les notaires et huissiers sont tenus de laisser copie exacte des protêts à ceux auxquels ils sont signifiés, et de tenir un registre spécial dans la forme des répertoires, sur lequel ils inscrivent, jour par jour et par ordre de dates, les protêts qu'ils ont faits, le tout à peine de destitution, dépens et dommages-intérêts envers les parties (Code de com., art. 176).

Des suites et effets du protêt.

Le protêt, faute d'acceptation, donne au porteur le droit d'exercer son recours contre les endosseurs et le tireur, qui sont respectivement tenus, sur la notification qui leur est faite du protêt, de fournir caution, en raison du paiement de la lettre de change à l'échéance, ou d'en payer de suite le montant avec les frais de protêt et de rechange (art. 120). En cas de non paiement à l'échéance, le porteur a le même recours pour avoir remboursement.

Le porteur peut poursuivre à son choix son cédant ou celui des autres signataires qu'il lui plaira (art. 165); mais il a également le droit de les actionner collectivement, en observant envers chacun des garants qu'il poursuit les délais prescrits à son égard.

La première formalité à remplir après le protêt, c'est la notification qui doit en être faite aux garants; si cette notification n'est pas suivie de remboursement volontaire, le porteur devra leur donner assignation dans les quinze jours qui suivent la date du protêt; si le garant poursuivi est domicilié à plus de cinq myriamètres du lieu où la lettre de change était payable, le délai est augmenté d'un jour par deux myriamètres et demi excédant les cinq myriamètres.

Si la lettre protestée était payable en Corse, dans l'île d'Elbe ou de Capraja, en Angleterre et dans les États limitrophes de la France, le délai dans lequel le tireur et les endosseurs résidant en France doivent

10.

être poursuivis est de deux mois. Il est de quatre mois pour les lettres qui étaient payables dans les autres États de l'Europe; de six mois pour celles qui étaient payables aux échelles du Levant et sur les côtes septentrionales de l'Afrique; d'un an pour celles qui étaient payables aux côtes occidentales de l'Afrique, jusques et compris le cap de Bonne-Espérance et dans les Indes occidentales; de deux ans pour celles qui étaient payables dans les Indes orientales. Ces délais seront observés dans les mêmes proportions pour le recours à exercer contre les tireurs et endosseurs résidant dans les possessions françaises situées hors d'Europe. Les délais de six mois, d'un an et de deux ans, sont doublés en temps de guerre maritime (C. de com., art. 166).

Les endosseurs qui sont poursuivis par le porteur, ont également le droit de recourir contre leurs propres garants, dans les mêmes délais que ci-dessus; le délai commence à courir pour eux à partir du lendemain de la citation en justice (C. de com., art. 167).

Mais supposons qu'un endosseur rembourse volontairement et sans poursuites; dans ce cas, le délai dans lequel il devra exercer son recours, commencera à courir du jour du remboursement[1].

Dans aucun cas, l'endosseur qui rembourse volontairement ou sur poursuites, n'aura plusieurs délais de quinzaine pour exercer son recours contre l'un ou l'autre de ses garants, en raison de ce qu'il y a eu avant lui d'autres endosseurs ayant remboursé ou non; il ne sera pas autorisé à cumuler les délais dont aurait profité chacun des endosseurs successifs qui étaient en position d'être poursuivis avant lui[2].

Le porteur qui n'a pas accompli dans les délais ci-dessus les formalités relatives au protêt faute d'acceptation, à celui faute de paiement, et à l'exercice de l'action en garantie, perd tout recours contre les endosseurs; les endosseurs eux-mêmes perdent leur recours contre leurs

---

[1] Cassation, 9 mars 1818, Sirey, XVIII, 1, 237.
[2] Pardessus, t. II, nᵒˢ 430 et 444. Colmar, 11 janvier 1816, Sirey, XVII, 2, 134. Cassation, 7 septembre 1815, Sirey, XVI, 1, 147.

garants, lorsqu'ils n'ont pas exercé, dans les délais, l'action en garantie qui leur compète[1].

Le défaut de protêt en temps utile affranchit les endosseurs de tout recours de la part du porteur, alors même que le souscripteur ou tireur de l'effet est un être imaginaire.

Le porteur et les endosseurs sont même déchus de tout recours vis-à-vis du *tireur*, lorsque celui-ci prouve qu'il y avait provision à l'échéance (C. de com., art. 170). L'obligation de prouver l'existence de la provision est imposée au tireur, même en cas d'acceptation par le tiré[2]; mais, lorsque l'accepteur a indiqué un lieu de paiement autre que celui de son domicile, le tireur n'est pas tenu de prouver que la provision existait au lieu indiqué pour le paiement, pourvu qu'il prouve purement et simplement qu'elle existait au lieu indiqué dans la lettre même par le tireur[3].

La provision n'existant plus dans le sens de la loi, lorsque le tiré est en faillite à l'époque de l'échéance, le tireur, dans ce cas, ne peut plus opposer l'existence de la provision[4].

La preuve de la provision ne peut jamais être demandée par le porteur aux endosseurs; dans tous les cas, le porteur est déchu à leur égard.

Mais la déchéance pour défaut ou retard dans les poursuites ne peut plus être opposée au porteur par le tireur et les endosseurs, s'ils ont reçu par compte, compensation ou autrement les fonds destinés au paiement de la lettre de change (C. de com., art. 171).

---

[1] Jugé cependant que celui qui a fait protester un effet avant son échéance et qui a laissé passer les délais du recours contre les endosseurs peut faire un nouveau protêt à l'échéance et exercer son recours par suite de ce nouveau protêt. Orléans, 10 février 1809, Sirey, IX, 2. 400.

[2] Pardessus, t. II, n° 435. Bordeaux, 13 juillet 1831, Sirey, XXXI, 2, 332.

[3] Pardessus, t. II, n° 393. Merlin, *Rép.*, v° Provision de la lettre de change, p. 301. Nouguier, t. I, p. 206. Cassation, 24 février 1812, Sirey, XII, 1, 137.

[4] Pardessus, *loc. cit.* Cassation, 30 juillet 1832, Sirey, XXXII, 1, 657.

La déchéance est encore levée, lorsque, postérieurement à l'expiration des délais, il y a eu reconnaissance ou aveu de la dette de la part des garants.

Le porteur dispensé du protêt par la clause de retour sans frais, doit-il exercer son recours contre les endosseurs dans les délais prescrits par les art. 165 et 167 ?

Les raisons de décider l'affirmative sont les mêmes qu'en cas de recours après protêt, et nous ne saurions pas pourquoi on devrait dans cette circonstance prolonger le temps de la garantie ; la loi, d'ailleurs, ne parle pas de ce cas, et les jugements rendus en cette matière dans l'un et l'autre sens, échappent à la censure de la Cour de cassation [1].

Si, malgré la clause de retour sans frais apposée par le tireur, le porteur de la lettre de change la fait protester, les frais de protêt resteront à sa charge [2].

Le défaut de protêt, faute d'acceptation d'une lettre de change payable à jour fixe, n'entraîne jamais les mêmes déchéances que le défaut de protêt faute de paiement, pourvu que ce dernier ait été fait en temps utile [3].

La déchéance prononcée par les art. 168 et 169 du Code de commerce contre le porteur et les endosseurs qui exercent tardivement leur recours, peut leur être opposée après avoir défendu au fond ; ce n'est pas là une nullité de forme proposable seulement *in limite litis ;* mais une nullité fondée sur une véritable prescription et proposable en tout état de cause, aux termes de l'art. 2224 du Code Napoléon [4].

Par la raison que la déchéance est une prescription, on doit lui ap-

---

[1] Cassation, 1er décembre 1841, Sirey, XLII, 1, 163.

[2] Paris, 24 janvier 1835, Sirey, XXXV, 2, 145. *Contra :* trib. de com. de Louviers, 8 janvier 1833, Sirey, XXXIII, 2, 170; trib. de com. de Paris, 18 octobre 1834, Sirey, XXXV, 2, 146.

[3] Bruxelles, 10 avril 1811, Sirey, XI, 2, 414.

[4] Pardessus, t. II, n° 434. Cassation, 29 juin 1819, Sirey, XIX, 1, 434.

pliquer la disposition de l'art. 2146 du Code Napoléon, portant que la citation en justice donnée même devant un juge incompétent, interrompt la prescription[1].

[1] Caen, 1er février 1842, Sirey, XLII, 2, 227.

Vu pour l'impression par le soussigné doyen, président de l'acte public,

Strasbourg, le 16 juin 1853.

C. AUBRY.